Die Losunge

für junge Leute

2025

HERAUSGEGEBEN VON DER
EVANGELISCHEN BRÜDER-UNITÄT
IM FRIEDRICH REINHARDT VERLAG, LÖRRACH/BASEL

Kontakt zu uns

Hast du Fragen zu den Losungen?
Oder hast du einen Fehler entdeckt?
Möchtest du auch einen Text oder ein Gebet
für die nächste Ausgabe im Jahr 2026 schreiben?

Dann schreib uns eine E-Mail:
jungeleute@jugendlosungen.de

Evangelische Brüder-Unität
Zittauer Straße 20
02747 Herrnhut
Telefon +49 (0)35873 487 – 0

Evangelische Brüder-Unität
Badwasen 6
73087 Bad Boll
Telefon +49 (0)7164 9 421 – 0

Impressum: Das Losungsmanuskript wird zusammengestellt und textlich verantwortet von der Direktion der Brüder-Unität in Herrnhut und Bad Boll. **Herausgegeben** von der Evangelischen Brüder-Unität im Friedrich Reinhardt Verlag, Lörrach/Basel **Gestaltung:** Franziska Scheibler **Druck und Bindung:** CPI – Ebner & Spiegel, Ulm. Printed in Germany | ISBN 978-3-7245-2686-5.

Meine Losungen

Dieser Losungskalender gehört

Vorname:

Name:

Straße, Nr.:

PLZ, Ort:

Land:

Telefon:

E-Mail:

Meine Geburtstagslosung 2025

Geburtstag:

Die Losung für diesen Tag:

20
25

Jahreslosung

Prüft alles und
behaltet das Gute!

1. THESSALONICHER 5,21

Zur Jahreslosung

»Ist das prüfungsrelevant?« – Diese Frage ist wohl eine der meistgestellten Fragen in der Schule, Ausbildung oder im Studium.
Und wie wohltuend das Wort »Nein« als Antwort auf diese Frage sein kann. Denn Prüfungen können echt Stress bedeuten. Es gibt nicht wenige, die dabei von Nervosität und Blackouts geplagt sind.
Das Wissen darüber, was genau geprüft wird und dass eben nicht ALLES wichtig ist, kann beruhigend wirken. Doch wie wäre es, wenn nach jedem Schul-, Ausbildungsjahr oder Semester wirklich alles ALLES geprüft werden würde?
Nun gut, wahrscheinlich hatte der Verfasser des Briefes nicht wirklich solche Prüfungssituationen im Kopf, als er diese Worte niederschrieb. Genauer gesagt reiht sich dieser Satz in allerlei »Richtlinien« ein, die der Schreiber am Ende seines Briefes noch loswerden möchte. Und unmittelbar vor dem Vers wird von »prophetischen Reden« gesprochen – diese sollen geprüft und das Gute behalten werden. Doch was ist bloß das Gute? Das, was praktisch ist? Was mir gerade gut tut? Was anderen gut tut?
Der Vers lässt uns Raum und ermutigt uns, selbst nachzudenken – selbst zu fühlen, das eigene Herz und den eigenen Verstand zu nutzen und zu entscheiden, was wohl das Gute ist. Inspiration kann uns das Leben Jesu geben, der seiner Zeit mit den Menschen über Böses und Gutes gerungen hat.
Und so wünschen wir euch, dass diese Prüfungen, die uns die Jahreslosung für 2025 abverlangt, keinen Stress oder Blackouts auslösen, sondern dass sie ein Gewinn dafür sind, diese Welt zu einem GUTEN Ort zu machen.
Und zu hoffen bleibt auch, dass zugunsten des Wohlbefindens der Geprüften nicht alle Prüfer:innen in Schule, Ausbildung oder Studium sich den ersten Teil der Losung als Richtlinie für ihre Arbeit setzen.

EVANGELISCHE BRÜDER-UNITÄT – HERRNHUTER BRÜDERGEMEINE

DAS LAMM & DIE LOSUNGEN
HALLO, ICH BIN DAS LAMM DER HERRNHUTER BRÜDERGEMEINE.
ALS LAMM BIN ICH EIN SYMBOL FÜR JESUS, DER FRIEDLICH LEBTE...
SELIG SIND DIE, DIE FRIEDEN STIFTEN!
... UND STARB, WIE EIN LAMM, DAS GETÖTET WIRD.
DIE HERRNHUTER BRÜDERGEMEINE HAT MICH ALS LOGO GEWÄHLT, WEIL SIE EINE KIRCHE IST, IN DER JESUS DIE HAUPTROLLE SPIELEN SOLL. ICH BIN ALSO ÜBERALL MIT DABEI.
SCHON FRÜHER SIND FRAUEN UND MÄNNER IN DIE WEITE WELT GEZOGEN, UM ANDEREN MENSCHEN ZU BEGEGNEN. SIE WOLLTEN IHNEN VON JESUS ERZÄHLEN...
...UND SIE WAREN NEUGIERIG, WELCHE ERFAHRUNGEN DIE ANDEREN MIT GOTT MACHEN.
MICH INTERESSIERT DEIN GLAUBE. DESHALB LERNE ICH DEINE SPRACHE.

AUCH HEUTE NOCH TAUSCHT SICH DIE HERRNHUTER BRÜDERGEMEINE GERNE MIT MENSCHEN IN UNTERSCHIEDLICHEN KULTUREN UND KIRCHEN AUS.
MIT DER ZEIT IST SIE GEWACHSEN UND HAT MITGLIEDER IN VERSCHIEDENEN TEILEN DER ERDE.
DIESE VIELEN MENSCHEN FÜHLEN SICH MITEINANDER VERBUNDEN, INDEM SIE JEDEN TAG DIE GLEICHEN BIBELVERSE LESEN.
TÄGLICH IST DAS EIN VERS AUS DEM ALTEN UND EINER AUS DEM NEUEN TESTAMENT. ALS MINIANDACHT ODER TAGESMOTTO KÖNNEN DIESE EINEN DURCH DEN TAG BEGLEITEN
dagteksten
Lozinke
DAILY TEXTS
senhas diárias
HESLA JEDNOTY BRATRSKÉ
Fjalët e ditës
DAS SIND DIE LOSUNGEN, DIE ES WELTWEIT IN VERSCHIEDENEN SPRACHEN GIBT UND DIE AUCH IN VIELEN ANDEREN KIRCHEN GELESEN WERDEN.
DIE AUSGABE „FÜR JUNGE LEUTE" HÄLTST DU GERADE IN DER HAND. VIEL SPASS DAMIT! ICH FREUE MICH AUF DIE ZEIT MIT DIR!

Herrnhuter Brüdergemeine weltweit

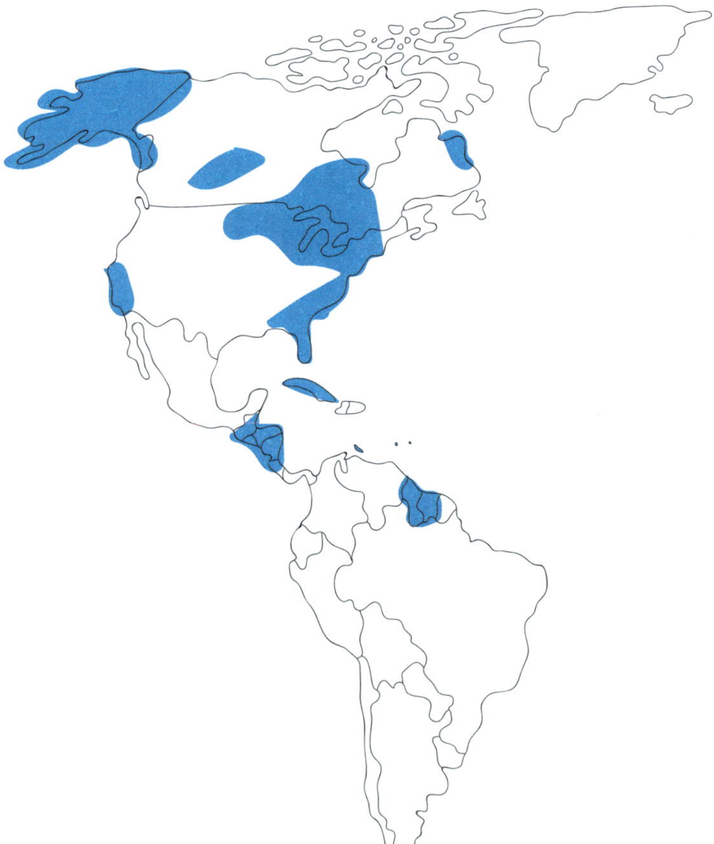

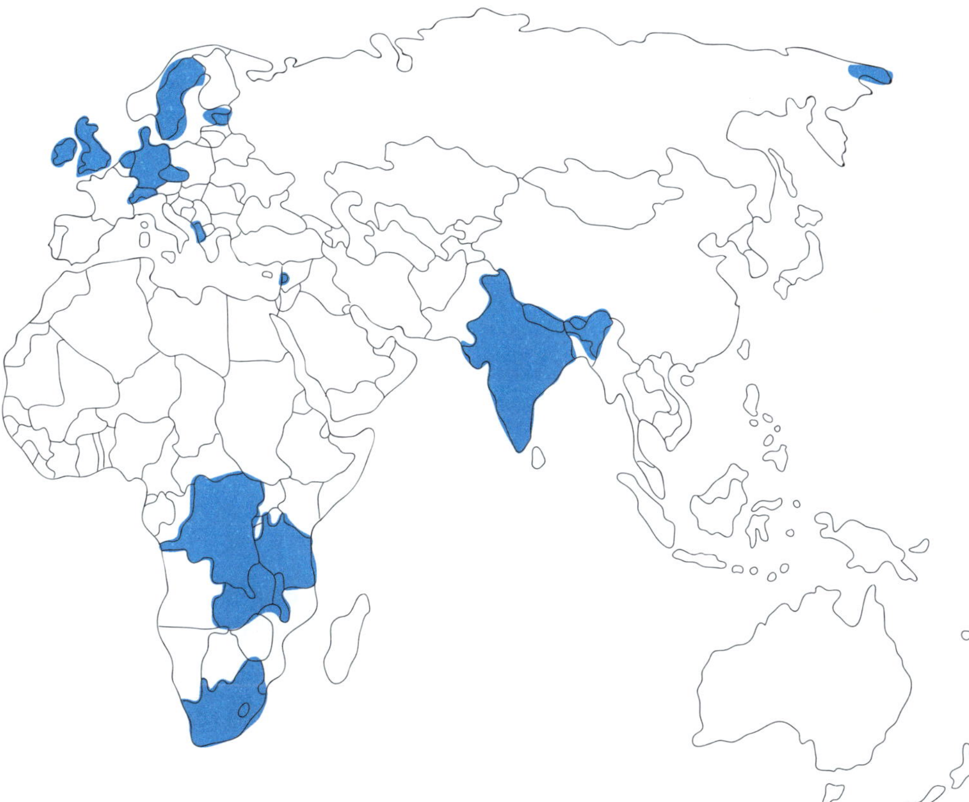

Wegweiser

❶ LOSUNG

Das ist der Losungsspruch für den Tag. Er stammt aus dem Alten Testament. Dieser Spruch wurde aus einer Sammlung von über 1800 Sprüchen für diesen Tag wie ein Los bei einer Lotterie gezogen. Das heißt, allein der Zufall und Gottes Hand bestimmen die Losung des Tages.

❷ LEHRTEXT

Zu jedem Losungsspruch wird ein Text aus dem Neuen Testament hinzugestellt. Dieser wird nicht gezogen, sondern passend zur Losung des Tages ausgesucht. So werden wir angeregt, uns täglich an die Worte aus dem Alten und Neuen Testament zu erinnern und vielleicht darin zu lesen.

❸ QUELLEN

Für die Losungs- und Lehrtexte sind die folgenden Bibelübersetzungen verwendet worden: BasisBibel (BB), Hoffnung für alle (Hfa), Gute Nachricht (GN), Zürcher Bibel (ZB) und Neue Genfer Übersetzung (NGÜ). Ist kein Buchkürzel angegeben, dann wurden die Texte der Luther-Bibel entnommen.

❹ BIBELLESE

Hier stehen die Angaben der Verse des Bibelleseplans für Einsteiger der Ökumenischen Arbeitsgemeinschaft für Bibellesen (ÖAB). Weiteres dazu im Internet: www.oeab.de

❺ IMPULS

Der kurze Impulstext regt zum Weiterdenken an. Er stellt einen weiteren Zusammenhang zwischen der Losung und dem Lehrtext her. Zum Teil wird an dieser Stelle auch ein Bild, eine Illustration oder ein Comic eingesetzt.

❻ GEBET

Dieses kurze Gebet nimmt die Gedanken der Losung, des Lehrtextes und des Impulstextes auf und bringt sie für uns inhaltlich auf den Punkt.

❼ NOTIZEN

Hier ist Platz für persönliche Gedanken des Tages, für Notizen, Termine oder eigene Gebete.

Dienstag

09

SEPTEMBER

Mein Tag

Es hat dem HERRN gefallen,
euch zu seinem Volk zu machen.
1. SAMUEL 12,22

Die Apostel …
und sprachen: …
also auch den an…
die Umkehr zum L…
APOSTELGESCHIC…

von dir ge…
über die ga…
jede Natio…
so sind wir …
auch wenn wir…
da ist einer, …

Freitag

06

JUNI

Mein Tag

7

1

Um Jerusalem her sind Berge,
und der HERR ist um sein Volk
her von nun an bis in Ewigkeit.
PSALM 125,2

2 Jesus betete:
Ich bitte nicht,
dass du sie aus der Welt nimmst,
sondern dass du sie bewahrst
vor dem Bösen.
3 JOHANNES 17,15

5

Was brauchst du, um dich geborgen zu fühlen?

6

Oh, Gott,
ich kann nicht mehr!
Ich kann nicht mehr beten.

Bete du für mich.
Bete um mich.
Bete um mein Leben.

Nimm mich in dein Gebet.
PETER SCHOTT

4

APOSTELGESCHICHTE 15,36–41

Januar

1 MI NEUJAHR
2 DO
3 FR
4 SA
5 SO
6 MO EPIPHANIAS/HEILIGE DREI KÖNIGE
7 DI
8 MI
9 DO
10 FR
11 SA
12 SO
13 MO
14 DI
15 MI
16 DO
17 FR
18 SA
19 SO
20 MO
21 DI
22 MI
23 DO
24 FR
25 SA
26 SO
27 MO
28 DI
29 MI
30 DO
31 FR

Februar

1 SA
2 SO
3 MO
4 DI
5 MI
6 DO
7 FR
8 SA
9 SO
10 MO
11 DI
12 MI
13 DO
14 FR
15 SA
16 SO
17 MO
18 DI
19 MI
20 DO
21 FR
22 SA
23 SO
24 MO
25 DI
26 MI
27 DO
28 FR

März

1	SA	
2	**SO**	
3	MO	
4	DI	
5	MI	ASCHERMITTWOCH
6	DO	
7	FR	WELTGEBETSTAG
8	SA	
9	**SO**	
10	MO	
11	DI	
12	MI	
13	DO	
14	FR	
15	SA	
16	**SO**	
17	MO	
18	DI	
19	MI	
20	DO	
21	FR	
22	SA	
23	**SO**	
24	MO	
25	DI	
26	MI	
27	DO	
28	FR	
29	SA	
30	**SO**	
31	MO	

April

1	DI	
2	MI	
3	DO	
4	FR	
5	SA	
6	**SO**	
7	MO	
8	DI	
9	MI	
10	DO	
11	FR	
12	SA	
13	**SO**	**PALMSONNTAG**
14	MO	
15	DI	
16	MI	
17	DO	GRÜNDONNERSTAG
18	FR	KARFREITAG
19	SA	
20	**SO**	**OSTERFEST**
21	MO	OSTERMONTAG
22	DI	
23	MI	
24	DO	
25	FR	
26	SA	
27	**SO**	
28	MO	
29	DI	
30	MI	

Mai

1	DO	
2	FR	
3	SA	
4	**SO**	
5	MO	
6	DI	
7	MI	
8	DO	
9	FR	
10	SA	
11	**SO**	
12	MO	
13	DI	
14	MI	
15	DO	
16	FR	
17	SA	
18	**SO**	
19	MO	
20	DI	
21	MI	
22	DO	
23	FR	
24	SA	
25	**SO**	
26	MO	
27	DI	
28	MI	
29	DO	HIMMELFAHRT/AUFFAHRT
30	FR	
31	SA	

Juni

1	**SO**	
2	MO	
3	DI	
4	MI	
5	DO	
6	FR	
7	SA	
8	**SO**	**PFINGSTFEST**
9	MO	PFINGSTMONTAG
10	DI	
11	MI	
12	DO	
13	FR	
14	SA	
15	**SO**	
16	MO	
17	DI	
18	MI	
19	DO	
20	FR	
21	SA	
22	**SO**	
23	MO	
24	DI	
25	MI	
26	DO	
27	FR	
28	SA	
29	**SO**	
30	MO	

Juli

1	DI	
2	MI	
3	DO	
4	FR	
5	SA	
6	**SO**	
7	MO	
8	DI	
9	MI	
10	DO	
11	FR	
12	SA	
13	**SO**	
14	MO	
15	DI	
16	MI	
17	DO	
18	FR	
19	SA	
20	**SO**	
21	MO	
22	DI	
23	MI	
24	DO	
25	FR	
26	SA	
27	**SO**	
28	MO	
29	DI	
30	MI	
31	DO	

August

1	FR	BUNDESFEIER CH
2	SA	
3	**SO**	
4	MO	
5	DI	
6	MI	
7	DO	
8	FR	
9	SA	
10	**SO**	
11	MO	
12	DI	
13	MI	
14	DO	
15	FR	
16	SA	
17	**SO**	
18	MO	
19	DI	
20	MI	
21	DO	
22	FR	
23	SA	
24	**SO**	
25	MO	
26	DI	
27	MI	
28	DO	
29	FR	
30	SA	
31	**SO**	

September

1 MO	
2 DI	
3 MI	
4 DO	
5 FR	
6 SA	
7 SO	
8 MO	
9 DI	
10 MI	
11 DO	
12 FR	
13 SA	
14 SO	
15 MO	
16 DI	
17 MI	
18 DO	
19 FR	
20 SA	
21 SO	
22 MO	
23 DI	
24 MI	
25 DO	
26 FR	
27 SA	
28 SO	
29 MO	
30 DI	

Oktober

1 MI	
2 DO	
3 FR	TAG DER DEUTSCHEN EINHEIT
4 SA	
5 SO	
6 MO	
7 DI	
8 MI	
9 DO	
10 FR	
11 SA	
12 SO	
13 MO	
14 DI	
15 MI	
16 DO	
17 FR	
18 SA	
19 SO	
20 MO	
21 DI	
22 MI	
23 DO	
24 FR	
25 SA	
26 SO	
27 MO	
28 DI	
29 MI	
30 DO	
31 FR	

November

1	SA	
2	**SO**	
3	MO	
4	DI	
5	MI	
6	DO	
7	FR	
8	SA	
9	**SO**	
10	MO	
11	DI	
12	MI	
13	DO	
14	FR	
15	SA	
16	**SO**	
17	MO	
18	DI	
19	MI	BUSS- UND BETTAG D
20	DO	
21	FR	
22	SA	
23	**SO**	**EWIGKEITSSONNTAG**
24	MO	
25	DI	
26	MI	
27	DO	
28	FR	
29	SA	
30	**SO**	**1. ADVENT**

Dezember

1	MO	
2	DI	
3	MI	
4	DO	
5	FR	
6	SA	
7	**SO**	**2. ADVENT**
8	MO	
9	DI	
10	MI	
11	DO	
12	FR	
13	SA	
14	**SO**	**3. ADVENT**
15	MO	
16	DI	
17	MI	
18	DO	
19	FR	
20	SA	
21	**SO**	**4. ADVENT**
22	MO	
23	DI	
24	MI	HEILIGER ABEND
25	DO	WEIHNACHTSFEST
26	FR	2. WEIHNACHTSTAG/STEPHANUSTAG
27	SA	
28	**SO**	
29	MO	
30	DI	
31	MI	ALTJAHRSABEND/SILVESTER

Januar

1 DO
2 FR
3 SA
4 SO
5 MO
6 DI
7 MI
8 DO
9 FR
10 SA
11 SO
12 MO
13 DI
14 MI
15 DO
16 FR
17 SA
18 SO
19 MO
20 DI
21 MI
22 DO
23 FR
24 SA
25 SO
26 MO
27 DI
28 MI
29 DO
30 FR
31 SA

Februar

1 SO
2 MO
3 DI
4 MI
5 DO
6 FR
7 SA
8 SO
9 MO
10 DI
11 MI
12 DO
13 FR
14 SA
15 SO
16 MO
17 DI
18 MI
19 DO
20 FR
21 SA
22 SO
23 MO
24 DI
25 MI
26 DO
27 FR
28 SA

März

1 SO
2 MO
3 DI
4 MI
5 DO
6 FR
7 SA
8 SO
9 MO
10 DI
11 MI
12 DO
13 FR
14 SA
15 SO
16 MO
17 DI
18 MI
19 DO
20 FR
21 SA
22 SO
23 MO
24 DI
25 MI
26 DO
27 FR
28 SA
29 SO
30 MO
31 DI

April

1 MI
2 DO
3 FR
4 SA
5 SO
6 MO
7 DI
8 MI
9 DO
10 FR
11 SA
12 SO
13 MO
14 DI
15 MI
16 DO
17 FR
18 SA
19 SO
20 MO
21 DI
22 MI
23 DO
24 FR
25 SA
26 SO
27 MO
28 DI
29 MI
30 DO

Mai

1 FR
2 SA
3 SO
4 MO
5 DI
6 MI
7 DO
8 FR
9 SA
10 SO
11 MO
12 DI
13 MI
14 DO
15 FR
16 SA
17 SO
18 MO
19 DI
20 MI
21 DO
22 FR
23 SA
24 SO
25 MO
26 DI
27 MI
28 DO
29 FR
30 SA
31 SO

Juni

1 MO
2 DI
3 MI
4 DO
5 FR
6 SA
7 SO
8 MO
9 DI
10 MI
11 DO
12 FR
13 SA
14 SO
15 MO
16 DI
17 MI
18 DO
19 FR
20 SA
21 SO
22 MO
23 DI
24 MI
25 DO
26 FR
27 SA
28 SO
29 MO
30 DI

Juli

1 MI
2 DO
3 FR
4 SA
5 SO
6 MO
7 DI
8 MI
9 DO
10 FR
11 SA
12 SO
13 MO
14 DI
15 MI
16 DO
17 FR
18 SA
19 SO
20 MO
21 DI
22 MI
23 DO
24 FR
25 SA
26 SO
27 MO
28 DI
29 MI
30 DO
31 FR

August

1 SA
2 SO
3 MO
4 DI
5 MI
6 DO
7 FR
8 SA
9 SO
10 MO
11 DI
12 MI
13 DO
14 FR
15 SA
16 SO
17 MO
18 DI
19 MI
20 DO
21 FR
22 SA
23 SO
24 MO
25 DI
26 MI
27 DO
28 FR
29 SA
30 SO
31 MO

September

1 DI
2 MI
3 DO
4 FR
5 SA
6 SO
7 MO
8 DI
9 MI
10 DO
11 FR
12 SA
13 SO
14 MO
15 DI
16 MI
17 DO
18 FR
19 SA
20 SO
21 MO
22 DI
23 MI
24 DO
25 FR
26 SA
27 SO
28 MO
29 DI
30 MI

Oktober

1 DO
2 FR
3 SA
4 SO
5 MO
6 DI
7 MI
8 DO
9 FR
10 SA
11 SO
12 MO
13 DI
14 MI
15 DO
16 FR
17 SA
18 SO
19 MO
20 DI
21 MI
22 DO
23 FR
24 SA
25 SO
26 MO
27 DI
28 MI
29 DO
30 FR
31 SA

November

1 SO
2 MO
3 DI
4 MI
5 DO
6 FR
7 SA
8 SO
9 MO
10 DI
11 MI
12 DO
13 FR
14 SA
15 SO
16 MO
17 DI
18 MI
19 DO
20 FR
21 SA
22 SO
23 MO
24 DI
25 MI
26 DO
27 FR
28 SA
29 SO
30 MO

Dezember

1 DI
2 MI
3 DO
4 FR
5 SA
6 SO
7 MO
8 DI
9 MI
10 DO
11 FR
12 SA
13 SO
14 MO
15 DI
16 MI
17 DO
18 FR
19 SA
20 SO
21 MO
22 DI
23 MI
24 DO
25 FR
26 SA
27 SO
28 MO
29 DI
30 MI
31 DO

Mein Jahr 2025?

Schreibe in die Kästchen 20 Dinge, die du 2025 öfter tun willst

Jahresbingo

DINGE, MIT DENEN DU JEMANDEM EINE FREUDE MACHEN KANNST				
	DINGE, DIE DIR GUT TUN			
			DINGE, DIE DIR SPASS MACHEN	
		DINGE, DIE DU VERÄNDERN WILLST		
DINGE, DIE DU MAL AUSPROBIEREN WILLST				

01
25

Januar

Jesus Christus spricht: Liebt eure Feinde;
tut denen Gutes, die euch hassen! Segnet die,
die euch verfluchen; betet für die,
die euch beschimpfen!

LUKAS 6,27–28

MONTAG		06	13	20	27
DIENSTAG		07	14	21	28
MITTWOCH	01	08	15	22	29
DONNERSTAG	02	09	16	23	30
FREITAG	03	10	17	24	31
SAMSTAG	04	11	18	25	
SONNTAG	05	12	19	26	

Mein Tag

Mittwoch

01

JANUAR

Sage nicht: »Ich bin zu jung«,
sondern du sollst gehen,
wohin ich dich sende,
und predigen alles,
was ich dir gebiete.

JEREMIA 1,7

Paulus schreibt:
Ich schäme mich
des Evangeliums nicht.

RÖMER 1,16

Evangelium – wörtlich »Gute Nachricht«
Welche guten Nachrichten
gibt es für 2025?
Was gibt Gott Gutes mit auf den Weg?
Fällt dir etwas ein?

Und auch du bist gefragt,
behalte Gutes 2025 nicht für dich,
sag, was du zu sagen hast!

Doch du fragst:
Warum ich?
Warum willst du mich?
Bin so klein und so nichtig,
doch er sagt:
Ich denk immerzu an dich,
denn du bist mir wichtig.

JANA HIGHHOLDER, ÄRZTIN UND YOUTUBERIN

1. THESSALONICHER 5,21

Donnerstag

02

JANUAR

Menschenfurcht bringt zu Fall;
wer sich aber auf
den Herrn verlässt,
wird beschützt.

SPRÜCHE 29,25

Hab keine Angst,
du kleine Herde!
Denn euer Vater hat beschlossen,
euch sein Reich zu schenken.

LUKAS 12,32 BB

Von bösen Nachrichten überflutet
und von Schreckensbildern überschwemmt
Die Kehle zugeschnürt
und das Herz beengt
Voll Angst vor dem, was kommt
und ohne zu wissen, was ich tun kann
rufe ich in die Nacht hinein:

Lass unsere Welt genesen in Liebe und Gerechtigkeit
Befrei mich zu einem gelösten und frohen Leben
Zeig mir, was ich tun soll
und erfüll mich mit Mut und Kraft
Lass die Nacht vorübergehen
und der Tag aufstrahlen, der kein Ende nimmt

ANTON ROTZETTER

Was hilft dir,
wenn du dich von anderen
eingeschüchtert fühlst?

LUKAS 3,1–6

Mein Tag

Freitag

03

JANUAR

Sollte Gott etwas sagen
und nicht tun?
Sollte er etwas reden
und nicht halten?

4. MOSE 23,19

Behandle Gottes Zusagen nicht wie Museumsstücke, sondern glaube ihnen und mache von ihnen Gebrauch.

CHARLES HADDON SPURGEON, ENGLISCHER PREDIGER
IM 19. JAHRHUNDERT

Jesus spricht:
Wer diese meine Rede hört
und tut sie,
der gleicht einem klugen Mann,
der sein Haus auf Fels baute.

MATTHÄUS 7,24

Menschen haben mir etwas versprochen,
aber nicht Wort gehalten. Mich enttäuscht.
Mein Vertrauen missbraucht. Du sagst,
du bist anders. Kann ich dir glauben?
Kann ich mich auf dich verlassen?
Es fällt mir so schwer zu vertrauen.
Hilf mir, es zu wagen.

Amen.

LUKAS 3,7–14

Samstag

04

JANUAR

Mein Tag

In deine Hand lege ich mein Leben.
Gewiss wirst du mich befreien, HERR.
Du bist doch ein treuer Gott.

PSALM 31,6 BB

Lasst uns also voller Zuversicht
vor den Thron
unseres gnädigen Gottes treten.
So können wir
Barmherzigkeit empfangen
und Gnade finden.
Und so werden wir zur rechten Zeit
Hilfe bekommen.

HEBRÄER 4,16 BB

Mutig komm ich vor dich, du König.
Zuversichtlich, dass du mich nicht zurückweist.
Ehrlich mit allem, was mir auf dem Herzen liegt.
Erwartungsvoll, dass du mir helfen wirst.

LUKAS 3,15–20

Mein Tag

Sonntag

05

JANUAR

Der HERR ist voller Güte.
Er kennt alle, die ihm vertrauen,
und ist für sie eine sichere Zuflucht
in Zeiten der Not.

NAHUM 1,7 HFA

Werft euer Vertrauen nicht weg!

HEBRÄER 10,35

An welchem Ort fühlst du dich sicher?

Wenn mich das Leben aus der Kurve trägt,
wenn mir der Alltag meine Sprache verschlägt,
dann sage ich dir, was mein Herz bewegt.
Weil du meine Fragen erträgst.

Hilf mir zu glauben und auf dich zu sehn,
dir zu vertrauen und weiterzugehn.
Lass mich nicht verzweifeln, wenn mein Glaube wankt.
Zieh mich zu dir, halt mich an deiner Hand.

TIMO BÖCKING

LUKAS 3,21–22

Montag

06

JANUAR

EPIPHANIAS

Er weidet mich
auf einer grünen Aue
und führet mich
zum frischen Wasser.
Er erquicket meine Seele.

PSALM 23,2–3

Ihr irrtet umher wie Schafe,
doch jetzt seid ihr zurückgekehrt
zum Hirten,
zum Beschützer eurer Seelen.

1. PETRUS 2,25 ZB

Mein Tag

5☆

Was gibt dir neue Energie?

1. Tiefe Gespräche mit Freunden
2. Waldspaziergang
3. Für einen Moment die Augen schließen
4. Mal wieder lachen
5. Kicken in der Mittagspause

Meine Top five:

Jesus, unser Friede,
du rufst jeden von uns auf, dir nachzufolgen.
Zu wem sollten wir gehen, Christus, wenn nicht zu dir?
Du hast die Worte, die unser Herz aufleben lassen.

FRÈRE ROGER, TAIZÉ

LUKAS 4,1–4

Mein Tag

Dienstag

07

JANUAR

Verachte nicht die Unterweisung
durch den HERRN
und sei nicht unwillig,
wenn er dich ermahnt.

SPRÜCHE 3,11 ZB

Jesus lehrte mit Vollmacht.

MARKUS 1,22

#Vollmacht
beauftragt vom Vater
erfüllt mit seinem Geist
redete Jesus
anders als alle anderen
und seine Worte
sind bis heute
voller Macht und Kraft

Herr, unser Gott, wecke du uns auf!
Gib du uns dein Licht!
Sei du unser Lehrer und Tröster!
Rede du selbst mit einem Jeden von uns so,
dass ein Jeder gerade das höre,
was er nötig hat und was ihm hilft!

KARL BARTH

LUKAS 4,5–8

Mittwoch

08

JANUAR

Gott, mein Herz ist bereit,
ich will singen und spielen.
Wach auf, meine Seele!
PSALM 108,2

Der Gelähmte sprang auf,
konnte stehen und gehen
und ging mit ihnen in den Tempel,
lief und sprang umher
und lobte Gott.
APOSTELGESCHICHTE 3,8

Mal wieder Zeit für einen Luftsprung?!

Lehre uns, jeden Tag
die Umstände unseres Menschseins
anzuziehen wie ein Ballkleid (...)
Gib, dass wir unser Dasein leben
nicht wie ein Schachspiel,
bei dem alles berechnet ist,
nicht wie einen Wettkampf,
bei dem alles schwierig ist,
nicht wie einen Lehrsatz,
bei dem wir uns den Kopf zerbrechen,
sondern wie ein Fest ohne Ende,
bei dem man dir immer wieder begegnet,
wie einen Ball, wie einen Tanz,
in den Armen deiner Gnade,
zu der Musik allumfassender Liebe.
MADELEINE DELBRÊL, FRANZÖSISCHE
SCHRIFTSTELLERIN UND MYSTIKERIN

LUKAS 4,9–13

Mein Tag

Donnerstag

09

JANUAR

Erinnere dich, Israel,
an den Weg, den der Herr, dein Gott,
dich geführt hat: 40 Jahre lang
hat er dich durch die Wüste geführt.
Er wollte dir zeigen,
wie sehr du ihn brauchst.
Er wollte dich prüfen
und herausfinden,
was in deinem Herzen vorgeht.

5. MOSE 8,2 BB

Und alsbald trieb der Geist Jesus
in die Wüste;
und er war in der Wüste vierzig Tage
und wurde versucht
von dem Satan
und war bei den Tieren,
und die Engel dienten ihm.

MARKUS 1,12–13

Glauben heißt, sich Gott zu stellen. Es ist die Bereitschaft, nicht nur eine segnende Instanz, sondern auch eine kritische Instanz zu suchen. Ich musste als Geigenbauer dem Cello gegenüber kritisch sein. Doch nicht, weil ich es ablehnte, sondern weil sein Klang entstellt war und ich es neu einzustellen hatte. Nur so werden »die Ränke und Krankheiten« eines Instruments überwunden. Wir können lernen, im Gebet den Zugang zu unserem Herzen zu finden, damit uns Sinn und Unsinn, Wollen und Wirken, Worte und Taten unseres Daseins klarer werden. Es ist eine Gnade und Würde, dass uns dieser Resonanzboden für Gott gegeben ist.

MARTIN SCHLESKE, GEIGENBAUER

LUKAS 4,14–21

Freitag 10 JANUAR

Mein Tag

Der HERR spricht:
Möge doch ihr Herz so bleiben,
dass sie mich allezeit fürchten
und meine Gebote halten,
damit es ihnen und ihren Kindern
gut geht, für immer!
5. MOSE 5,29 ZB

Ich gebe euch ein neues Gebot:
Liebt einander!
Ihr sollt einander lieben,
wie ich euch geliebt habe.
An eurer Liebe zueinander
werden alle erkennen,
dass ihr meine Jünger seid.
JOHANNES 13,34–35 NGÜ

*Wen man liebt,
ahmt man nach.*

CHARLES DE FOUCAULD,
FRANZÖSISCHER OFFIZIER UND MÖNCH

Wie eine neue Fremdsprache,
die man mit Neugierde
und viel Übung erlernt,
so lass uns lernen,
die Sprache der Liebe zu sprechen.

Amen.

LUKAS 4,22–30

Mein Tag

Samstag 11 JANUAR

Ich will mit ihnen einen Bund
des Friedens schließen,
der soll ein ewiger Bund
mit ihnen sein.

HESEKIEL 37,26

Gnade sei mit euch
und Friede von dem,
der da ist und der da war
und der da kommt.

OFFENBARUNG 1,4

Ich sehe, wie die Welt langsam immer mehr in eine Wüste verwandelt wird, ich höre den anrollenden Donner immer lauter, der auch uns töten wird, ich fühle das Leid von Millionen Menschen mit. Und doch, wenn ich zum Himmel schaue, denke ich, dass sich alles wieder zum Guten wenden wird, dass wieder Ruhe und Frieden in die Weltordnung kommen werden.

ANNE FRANK, DEUTSCHES MÄDCHEN JÜDISCHER ABSTAMMUNG, DAS DEM HOLOCAUST ZUM OPFER FIEL

Geh unter der Gnade, geh mit Gottes Segen;
geh in seinem Frieden, was auch immer du tust.
Geh unter der Gnade, hör auf Gottes Worte;
bleib in seiner Nähe, ob du wachst oder ruhst.

MANFRED SIEBALD

LUKAS 4,31–37

Sonntag

12

JANUAR

Mein Tag

Hass führt zum Streit,
Liebe aber deckt alle Fehler zu.

SPRÜCHE 10,12 BB

Darin besteht die Liebe:
nicht dass wir Gott geliebt haben,
sondern dass er uns geliebt hat
und gesandt seinen Sohn
zur Versöhnung für unsre Sünden.
Ihr Lieben, hat uns Gott so geliebt,
so sollen wir uns auch
untereinander lieben.

1. JOHANNES 4,10–11

In der Verzeihung des Unverzeihlichen ist der Mensch der göttlichen Liebe am nächsten.

GERTRUD VON LE FORT, DEUTSCHE SCHRIFTSTELLERIN

Jesus, als du am Kreuz hingst, umgeben von denen, die dich gefoltert und geschlagen haben, da hast du vergeben. Wie hast du das geschafft? Wenn ich nur an die Menschen denke, die mir so weh getan haben, überkommt mich Wut. Bitterkeit und Hass zerfressen mich innerlich. Der Sog der Gedanken zieht immer weiter nach unten. Reiß mich aus meiner Abwärtsspirale. Hilf mir frei und heil zu werden. Alle Liebe, alle Kraft zu Verzeihen kommen von dir.

LUKAS 4,38–44

Mein Tag

Montag 13 JANUAR

Halte meine Augen davon ab,
nach Nichtigem zu schauen.
PSALM 119,37 ZB

Durch die Augen
fällt das Licht in deinen Körper.
Wenn sie klar sehen,
bist du ganz und gar vom Licht erfüllt.
Wenn sie aber getrübt sind,
ist es dunkel in dir.
LUKAS 11,34 HFA

So vieles will meine Aufmerksamkeit.
So vieles will beachtet und beantwortet werden.
Schenk du mir den Durchblick,
damit ich erkenne, was wirklich wichtig ist.
Damit ich mich auf das fokussiere,
was das Leben hell und froh macht.

Amen.

2. MOSE 1,6–14

Dienstag
14
JANUAR

Mein Tag

Wer sich des Armen erbarmt,
der ehrt Gott.
SPRÜCHE 14,31

Jesus sprach zu dem jungen Mann:
Willst du vollkommen sein,
so geh hin, verkaufe,
was du hast, und gib's den Armen,
so wirst du einen Schatz
im Himmel haben;
und komm und folge mir nach!
MATTHÄUS 19,21

Welche Initiativen kennst du, die sich in Deutschland oder international gegen Armut einsetzen? Wie könntest du ein Projekt konkret finanziell unterstützen? Sammle ein paar Ideen!
Basar, Benefizkonzert, Sponsorenlauf, Straßenaktion, Kleiderspende,

Gott, sie berühren mich immer weniger, die vielen täglichen Nachrichten über Leid und Armut in der ganzen Welt. Ich habe Angst davor, immer mehr abzustumpfen. Bitte hilf, dass ich bewusst wahrnehme, was um mich herum und in dieser Welt passiert. Bewege mein Herz wieder neu, wenn ich sehe, dass Menschen nicht genug zum Leben haben. Lass mich Wege finden, meinen Teil dazu beizutragen, dass sich etwas ändert.

2. MOSE 1,15–22

Mein Tag

Mittwoch

15

JANUAR

Du sollst nicht ehebrechen.

2. MOSE 20,14

Der Mann soll seine Frau
nicht vernachlässigen,
ebenso nicht die Frau ihren Mann.

1. KORINTHER 7,3 BB

Du Gott der Liebe, ich wünsche mir so sehr jemanden,
mit dem ich gemeinsam durchs Leben gehen kann.
Wo ist diese Person, mit der ich glücklich werden darf?
Bitte schenk mir jemanden, der sich mir hingibt
und dem ich mich vertrauensvoll hingeben kann.
Lass mich lernen, treu zu sein,
auch wenn mal schwierige Zeiten kommen.

Amen.

2. MOSE 2,1–10

Donnerstag

16

JANUAR

Mein Tag

Es kommt der Tag,
an dem der Hochmut
der Menschen ein Ende hat
und ihr Stolz gebrochen wird.
Dann wird nur einer groß sein:
der HERR!

JESAJA 2,11 HFA

Was der Welt als dumm erscheint,
das hat Gott ausgewählt,
um die Weisen zu demütigen.
Und was der Welt schwach erscheint,
das hat Gott ausgewählt,
um ihre Stärke zu beschämen.
Was für die Welt
keine Bedeutung hat
und von ihr verachtet wird,
das hat Gott ausgewählt.
Er hat also gerade das ausgewählt,
was nichts zählt.
So setzt er das außer Kraft,
was etwas zählt.
Deshalb kann kein Mensch
vor Gott stolz sein.

1. KORINTHER 1,27–29 BB

Der Hochmütige schaut immer
auf Menschen und Dinge herab;
aber solange wir herabschauen,
können wir nicht sehen,
was über uns ist.

C.S. LEWIS, SCHRIFTSTELLER
UND LITERATURWISSENSCHAFTLER

Du
erschütterst die Maßstäbe,
nach denen wir bewerten.
Was macht das mit mir?

2. MOSE 2,11–14

Mein Tag

Freitag 17 JANUAR

Eines jeden Wege liegen offen
vor dem HERRN.

SPRÜCHE 5,21

Urteilt also nicht schon jetzt.
Wartet, bis der Herr kommt!
Er wird alles ans Licht bringen,
was im Dunkeln verborgen liegt,
und die geheimsten Absichten
enthüllen.

1. KORINTHER 4,5 BB

Good to know

»Geheimste Absichten enthüllen« meint wörtlich übersetzt, dass die »Pläne der Herzen« offenbar werden. Das Herz gilt als Sitz des Verstandes und des Willens. Von ihm gehen Entscheidungen über richtiges und falsches Handeln aus.

SACHERKLÄRUNGEN DER BASISBIBEL

In deinem Licht siehst du mich,
hast mich erkannt, bei meinem Namen genannt.
Du kennst mein Herz, Dank und Schmerz,
es liegt vor dir offen, Herr,
Mein ganzes Sein, tagaus, tagein,
ergibt nur Sinn, wenn ich nicht jemand anderes bin.
Wie du mich siehst und was du in mir liebst,
das will ich sein und nur das allein

MARTIN PEPPER

2. MOSE 2,15–22

Samstag

18

JANUAR

Mein Tag

Du sollst heute wissen
und zu Herzen nehmen,
dass der HERR Gott
ist oben im Himmel
und unten auf Erden
und sonst keiner.

5. MOSE 4,39

Eure Güte lasst kund sein
allen Menschen! Der Herr ist nahe!
Und der Friede Gottes,
der höher ist als alle Vernunft,
wird eure Herzen und Sinne
bewahren in Christus Jesus.

PHILIPPER 4,5.7

Güte liegt in der Luft

Greif zu.
Lass sie
als dein Handeln
lebendig werden.

MARCUS C. LEITSCHUH

Herr, beruhige die Wogen in meiner Brust, besänftige die Stürme!
Sei ruhig, meine Seele, damit Gott in dir wirken kann! Sei ruhig, meine Seele,
damit Gott in dir weilen, Sein Friede dich überschatten kann! –
Ja, Vater im Himmel, oft genug haben wir erfahren, dass die Welt uns
den Frieden nicht geben kann; oh so lass uns fühlen, dass Du den Frieden geben
kannst; lass uns erkennen, dass die Verheißung zutrifft: dass nichts
in der Welt imstande ist, Deinen Frieden von uns zu nehmen.

SÖREN KIERKEGAARD

2. MOSE 2,23–25

Mein Tag

Sonntag

19

JANUAR

Mache dich auf, werde licht;
denn dein Licht kommt,
und die Herrlichkeit
des Herrn geht auf über dir!

JESAJA 60,1

Unser Gott hat ein Herz
voll Erbarmen.
Darum kommt uns das Licht
aus der Höhe zur Hilfe.
Es leuchtet denen,
die im Dunkel und im Schatten
des Todes leben.
Es lenkt unsere Füße auf den Weg
des Friedens.

LUKAS 1,78–79 BB

Was leuchtet am meisten an dir?

Schreib es in leuchtenden Farben
in die Glühbirne!

2. MOSE 3,1–12

Montag
20
JANUAR

Der HERR wird dein ewiges Licht
und dein Gott wird dein Glanz sein.
JESAJA 60,19

Jesus spricht:
Wer mich sieht, der sieht den,
der mich gesandt hat.
Ich bin als Licht
in die Welt gekommen, auf dass,
wer an mich glaubt,
nicht in der Finsternis bleibe.
JOHANNES 12,45–46

Wo bist du, mein Gott?
Um mich ist es dunkel.
Bitte leg den Schalter um,
damit es wieder hell wird!

2. MOSE 3,13–15

Mein Tag

Dienstag 21 JANUAR

Erhalte mich nach deinem Wort,
dass ich lebe,
und lass mich nicht
zuschanden werden
in meiner Hoffnung.

PSALM 119,116

Jesus spricht:
Wer mein Wort hört und glaubt dem,
der mich gesandt hat,
der hat das ewige Leben
und kommt nicht in das Gericht,
sondern er ist vom Tode zum Leben
hindurchgedrungen.

JOHANNES 5,24

Du, das Vorwort zu allem
und hoffentlich auch das Nachwort
Ich, oft wortlos
und wartend auf Antwort
entscheide doch immer wieder
dir mein Jawort dir zu geben
werde zum Wortabergläuber

2. MOSE 3,16–22

Mittwoch

22

JANUAR

Mein Tag

Jesaja sprach:
Weh mir, ich vergehe!
Denn ich bin unreiner Lippen
und wohne unter einem Volk
von unreinen Lippen.

JESAJA 6,5

Paulus schreibt:
Ich war früher ein Lästerer
und ein Verfolger und ein Frevler;
aber mir ist Barmherzigkeit
widerfahren.

1. TIMOTHEUS 1,13

Aus Gnade allein schenkst du mir
ein neues Leben,
unverdient bin ich ganz dein.
Nichts ist mehr, wie es einmal war.
Du machst alles neu, du hast alles neu
gemacht.

BASTIAN UND LEA RAUSCHMAIER

Good to know

Jesaja hat eine Vision. Er sieht Gott – und erkennt sich selbst. Überwältigt von göttlicher Herrlichkeit wird ihm bewusst, dass er vor diesem Gott so nicht bestehen kann. »Unreine Lippen« klingt nach Lügen und Halbwahrheiten. In der Vision reinigt ihm ein Engel symbolisch die Lippen. So wird Jesaja Prophet und kann in Gottes Namen zum Volk Israel reden. Bei Paulus war es ähnlich. In blindem Hass hatte er die christlichen Gemeinden verfolgt. Dann begegnet er Jesus – und Paulus wird tatsächlich für einige Zeit blind. Als er wieder sehen kann, gibt Jesus seinem Leben ein neues Ziel: Paulus predigt von nun an das Evangelium und wird ein bedeutender Missionar.

2. MOSE 4,1–9

Mein Tag

Donnerstag

23
JANUAR

Meint ihr,
dass ihr Gott täuschen werdet,
wie man einen Menschen täuscht?
HIOB 13,9

Jesus sprach zu den Pharisäern:
Ihr seid's, die ihr euch
selbst rechtfertigt vor den Menschen;
aber Gott kennt eure Herzen.
LUKAS 16,15

vor dir
bin ich ohne Filter
ich brauche nicht
darstellen und überschminken
ich darf einfach ich sein
mit allem, was zu mir gehört
wie gut das tut!

2. MOSE 4,10–17

Freitag 24 JANUAR

Die sich halten an das Nichtige,
verlassen ihre Gnade.

JONA 2,9

Nicht Eigennutz oder Eitelkeit
soll euer Handeln bestimmen.
Vielmehr achtet in Demut
den anderen höher als euch selbst.

PHILIPPER 2,3 BB

Die Liebe hat wohl
die Demut zur Schwester,
aber keinesfalls
die Selbstverachtung
zur Mutter.

HANS-JOACHIM ECKSTEIN,
PROFESSOR DER THEOLOGIE

Liebe und Achtung.
Für mich und für andere.
Weder völlige Selbstaufgabe noch Egoismus.
Bring du mich ins Gleichgewicht!

Amen.

2. MOSE 4,18.27–31

Mein Tag

Samstag 25 Januar

Der Herr wird sich wieder
über dich freuen, dir zugut,
wie er sich über
deine Väter gefreut hat.

5. MOSE 30,9

*Stell dir vor:
Gott jubelt,
wenn er
an dich denkt!*

Gelobt sei der Herr, der Gott Israels!
Denn er ist seinem Volk
zu Hilfe gekommen und hat es erlöst.
Er hat uns
einen starken Retter gesandt,
einen Nachkommen
seines Dieners David.

LUKAS 1,68–69 BB

Der Herr ist noch und nimmer nicht
von seinem Volk geschieden;
er bleibet ihre Zuversicht, ihr Segen,
Heil und Frieden.
Mit Mutterhänden leitet er die Seinen stetig hin und her.
Gebt unserm Gott die Ehre!

JOHANN JAKOB SCHÜTZ, KIRCHENLIEDDICHTER
IM 17. JAHRHUNDERT

2. MOSE 5,1–9

Sonntag

26

JANUAR

Mein Tag

Das geknickte Rohr
wird er nicht zerbrechen,
und den glimmenden Docht
wird er nicht auslöschen.

JESAJA 42,3

Jesus spricht:
Seht zu, dass ihr nicht
eins dieser Geringen verachtet!

MATTHÄUS 18,10 ZB

Kaufe Blumensamen und säe sie
in einem Topf in deiner Wohnung aus!
Sie dürfen dich daran erinnern:
Auch wenn jetzt noch Winter ist,
wir blühen wieder auf!

Gib uns Worte, die Hoffnung zu sagen,
erlittene Worte, nicht leichtfertig dahingesagte.
Worte, in denen Dein Atem wohnt.
Gib uns den Mut, die Hoffnung zu tun,
auch wenn vieles uns hindern will
und wir uns verletzbar machen.
Gib uns Deine Geistkraft, Hoffnung zu sein für die,
denen alles zerronnen ist,
was Mut machen könnte.
Lass hörbar werden Dein »Fürchtet euch nicht!«

ANTJE SABINE NAEGELI

2. MOSE 5,10–19

Mein Tag

Montag

27

JANUAR

Erhöre uns nach der wunderbaren
Gerechtigkeit, Gott, unser Heil.

PSALM 65,6

Das ist die Zuversicht,
mit der wir vor ihm reden:
Wenn wir um etwas bitten nach
seinem Willen, so hört er uns.

1. JOHANNES 5,14

Zum Bittgebet gehört beides: die Gewissheit der Erhörung und der restlose Verzicht, nach eigenem Plan erhört zu werden.

KARL RAHNER, KATHOLISCHER THEOLOGE
IM 20. JAHRHUNDERT

Lieber Gott,
ich erreiche dich nicht.
Bei dir ist besetzt oder keiner nimmt ab.
Du gehst einfach nicht online
und dein Emailpostfach scheint
überfüllt zu sein.
Die Klingel hörst du auch nicht.
Dabei brauche ich dich so sehr.
Hilf mir doch bitte,
deine Lebenszeichen zu erkennen,
die ich im Moment noch nicht sehe.

2. MOSE 5,20–6,1

Dienstag
28
JANUAR

Herr, behüte mich
wie einen Augapfel im Auge.
PSALM 17,8

Der Herr ist treu;
der wird euch stärken
und bewahren vor dem Bösen.
2. THESSALONICHER 3,3

Bewahre uns, Gott, behüte uns, Gott,
sei mit uns vor allem Bösen.
Sei Hilfe, sei Kraft, die Frieden schafft,
sei in uns, uns zu erlösen.
EUGEN ECKERT

Mein Tag

Was ist dir so wichtig, dass du gut darauf acht gibst?

1. Handy
2. Reisepass
3. Haustürschlüssel
4. Tagebuch
5. Lieblingsmensch

Meine Top five:

2. MOSE 7,1–13

Mein Tag

Mittwoch

29

JANUAR

Mein Leben werde wert geachtet
in den Augen des HERRN,
und er errette mich aus aller Not!

1. SAMUEL 26,24

Ihr kennt die Gnade
unseres Herrn Jesus Christus:
Obwohl er reich ist,
wurde er doch arm um euretwillen,
auf dass ihr
durch seine Armut reich würdet.

2. KORINTHER 8,9

Danke Jesus,
dass du mein Leben
so sehr bereicherst!

Amen.

2. MOSE 7,14–24

Donnerstag

30

JANUAR

Mein Tag

Der Herr
ist meine Kraft.
HABAKUK 3,19

Darum werden wir nicht müde;
sondern wenn auch
unser äußerer Mensch verfällt,
so wird doch der innere
von Tag zu Tag erneuert.
2. KORINTHER 4,16

Wo wünscht du dir Erneuerung?

Wo Sterben wie ein Schatten auf allem Leben liegt,
da bin ich auferstanden und hab den Tod besiegt.
Wo Kräfte euch verlassen, ihr endlos müde scheint,
wird euch die Kraft erfassen, die euch mit mir vereint.
Damit ihr Hoffnung habt. Ich hab den Tod besiegt.
CLEMENS BITTLINGER

2. MOSE 8,1–11

Mein Tag

Freitag 31 JANUAR

Herr, tue meine Lippen auf,
dass mein Mund
deinen Ruhm verkündige.
PSALM 51,17

Wir können's ja nicht lassen,
von dem zu reden,
was wir gesehen und gehört haben.
APOSTELGESCHICHTE 4,20

gott loben
ohne
seidene krawatte
teuren anzug
fein geputzte schuhe
gebetbuch mit goldschnitt

gott loben
mit verschwitztem t-shirt
zerrissenen jeans
ausgetretenen sneakern
hip hop oder mozart im ohr

gott loben
da wo ich bin
ohne anlauf

mitten im alltag
STEPHAN WAHL

Gott, ich würde gerne so begeistert
von dir reden wie von
meiner Fußballmannschaft
oder Lieblingsband.
Ist das möglich?

2. MOSE 8,12–15

02

25

Februar

Du tust mir kund den Weg zum Leben.

PSALM 16,11

MONTAG		03	10	17	24
DIENSTAG		04	11	18	25
MITTWOCH		05	12	19	26
DONNERSTAG		06	13	20	27
FREITAG		07	14	21	28
SAMSTAG	01	08	15	22	
SONNTAG	02	09	16	23	

Mein Tag

Samstag

01

FEBRUAR

Viele, die im Staub der Erde schlafen,
werden aufwachen,
die einen zum ewigen Leben,
die andern zu ewiger Schmach
und Schande.

DANIEL 12,2

Dazu ist Christus gestorben
und wieder lebendig geworden,
dass er über Tote
und Lebende Herr sei.

RÖMER 14,9

Der
Tod
hat
uns.
Aber
du
hast
den
Tod.

BERNHARD MEUSER

2. MOSE 8,16–28

Sonntag

02

FEBRUAR

Mein Tag

Nach dem Wort
des HERRN brachen
die Israeliten auf,
und nach seinem Wort
lagerten sie sich.

4. MOSE 9,18

Durch den Glauben
wurde Abraham gehorsam,
als er berufen wurde,
an einen Ort zu ziehen,
den er erben sollte; und er zog aus und
wusste nicht, wo er hinkäme.

HEBRÄER 11,8

Was müsste passieren, damit du dich auf den Weg machst, ohne das Ziel der Reise zu kennen?

Ich höre den Lärm der Straße.
Ich höre den Wind in den Bäumen.
Aber dich, Gott, höre ich nicht.
Sprich mich an
und zeige mir den Weg -
damit ich ständig dich vernehme,
vernehmlich
wie den Lärm der Straße,
hörbar
wie den Wind in den Bäumen.

BERNHARD LANG

2. MOSE 9,1–7

Mein Tag

Montag 03 Februar

Die Hand unseres Gottes
war über uns,
und er errettete uns.

ESRA 8,31

Wir sind in seinen Händen.

MATTHIAS CLAUDIUS,
DICHTER IM 18./19. JAHRHUNDERT

Paulus schreibt:
**Was für Verfolgungen
habe ich nicht erlitten –
und aus allen
hat mich der Herr errettet!**

2. TIMOTHEUS 3,11 ZB

Weiß ich den Weg auch nicht, du bleibst an meiner Seite.
Wenn Steg und Brücke bricht, führst du mich in die Weite.
Du setzt die Grenzen neu, bleibst mir für immer treu.
Wenn Sturm und Wellen drohn, dann kommst du mir entgegen,
steigst in mein Lebensboot mit deinem guten Segen.
Du bringst mich durch die Nacht, hältst, wenn ich schlafe, Wacht.

Mein Leben lege ich getrost in deine Hand.

ANDREAS VOLZ

2. MOSE 9,8–12

Dienstag

04

FEBRUAR

Ist mein Wort nicht wie ein Feuer,
spricht der HERR,
und wie ein Hammer,
der Felsen zerschmeißt?

JEREMIA 23,29

Das Wort Gottes ist lebendig
und wirksam.
Es ist schärfer
als jedes zweischneidige Schwert
und dringt durch und durch.
Es durchdringt Seele und Geist,
Mark und Bein.
Es urteilt über die Gedanken
und die Einstellung des Herzens.

HEBRÄER 4,12 BB

O Herr, lass uns dein Wort
nicht dadurch vergeblich sein,
dass wir es kennen und nicht lieben,
dass wir es hören und nicht tun,
dass wir ihm glauben
und nicht gehorchen.
Öffne uns die Ohren und das Herz,
dass wir dein Wort recht fassen.

ALTES KIRCHENGEBET

Mein Tag

5☆

Was können Worte Gutes bewirken?

1. Streit schlichten
2. Lügen aufdecken
3. Wärme schenken
4. Hoffnung wecken
5. Das Denken prägen

Meine Top five:

____

____

____

____

____

2. MOSE 9,13–26

Mein Tag

Mittwoch
05
FEBRUAR

Der Knecht Gottes sprach:
Ich bot meinen Rücken dar denen,
die mich schlugen,
und meine Wangen denen,
die mich rauften.
Mein Angesicht verbarg ich nicht
vor Schmach und Speichel.
JESAJA 50,6

Jesus spricht:
Niemand hat größere Liebe
als wer sein Leben einsetzt
für seine Freunde.
JOHANNES 15,13 ZB

Unter Einsatz des eigenen Lebens

Mufasa für Simba (Der König der Löwen)
Aslan für Edmund (Die Chroniken von Narnia)
Boromir für Frodo (Der Herr der Ringe)
Sirius für Harry (Harry Potter)
...
Jesus für dich (die Bibel)

Kann ich das überhaupt annehmen?
Deine Freundschaft?
Dein unbeschreibliches Leiden?
Für mich? Womit habe ich das verdient?

2. MOSE 9,27–35

Donnerstag

06

FEBRUAR

Mein Tag

Der HERR sprach:
Ich will hinfort nicht mehr die Erde
verfluchen um der Menschen willen;
denn das Dichten und Trachten
des menschlichen Herzens
ist böse von Jugend auf.

1. MOSE 8,21

Gott hat seinen Sohn
nicht in die Welt gesandt,
dass er die Welt richte,
sondern dass die Welt
durch ihn gerettet werde.

JOHANNES 3,17

Komm!
Es steht schlimm um deine Welt.
Erlöse uns und diese Welt
vom Bösen!

2. MOSE 10,1–11

Mein Tag

Freitag 07 FEBRUAR

Gott, du bist mein Gott,
den ich suche.
Es dürstet meine Seele nach dir.

PSALM 63,2

Wen dürstet, der komme;
wer da will,
der nehme das Wasser
des Lebens umsonst.

OFFENBARUNG 22,17

Ich wünsche dir
einen Platz bei dem,
der die Quelle des Lebens ist.
Er ist da,
näher als gedacht.
In der Stille
hörst du ihn:

Da lässt er das Leben sprudeln,
klar und kühl, fröhlich und leicht
wie eben entsprungenes Wasser.

Forme deine Hände
zu einer Schale
und schöpfe aus dieser Quelle,
die dich erfrischt und beschwingt
und einen Durst stillt
mit Leben.

TINA WILLMS

2. MOSE 10,12–20

Samstag

08

FEBRUAR

Er hat ein Gedächtnis
gestiftet seiner Wunder,
der gnädige und barmherzige HERR.

PSALM 111,4

Der Kelch des Segens,
den wir segnen, ist der nicht
die Gemeinschaft des Blutes Christi?
Das Brot, das wir brechen,
ist das nicht die Gemeinschaft
des Leibes Christi?

1. KORINTHER 10,16

Du sorgst vor.
Mit Feiern und Festen gegen
das Vergessen.
So auch beim Abendmahl.
Danke, dass es mich daran
erinnert, dass

____

Mein Tag

5☆

Das erinnert mich in meinem Alltag an schöne Momente:

1. Hintergrundbild auf dem Handy
2. Ring am Finger
3. Kindheitsessen
4. Fotowand
5. Playlist des letzten Urlaubs

Meine Top five:

____

____

____

____

____

2. MOSE 10,21–29

Mein Tag

Sonntag 09 FEBRUAR

Du Menschenkind,
alle meine Worte,
die ich dir sage,
die fasse mit dem Herzen
und nimm sie zu Ohren!

HESEKIEL 3,10

Der Same,
der auf guten Boden gesät wurde:
Hier ist einer, der das Wort hört
und versteht.
Der trägt dann Frucht –
sei es hundertfach, sei es sechzigfach,
sei es dreissigfach.

MATTHÄUS 13,23 ZB

Eines Nachts träumte mir, ich sei in einen Laden gegangen. Hinter der Theke stand ein Engel. Ich frage ihn: »Was verkaufen Sie?« Der Engel antwortete freundlich: »Alles, was Sie wollen.« Da begann ich aufzuzählen: »Dann hätte ich gerne das Ende aller Kriege, Brot für die Hungrigen, Heilung für die Kranken, Trost für die Trauernden, Arbeit für die Arbeitslosen, mehr Liebe in der Welt.« Da schüttelte der Engel bedauernd den Kopf: »Entschuldigen Sie, ich habe mich wohl falsch ausgedrückt. Bei mir gibt es keine Früchte, bei mir gibt es nur die Samen.«

Dass dein Wort in meinem Herzen
starke Wurzeln schlägt
und dein Geist in meinem Leben
gute Früchte trägt, deine Kraft
durch mich die Welt zu deinem Ziel bewegt,
Herr, du kannst dies Wunder tun.

J. SWOBODA / T. LEHMANN

2. MOSE 11,1–10

Montag 10 FEBRUAR

Mein Tag

Bei ihm sind Macht und Einsicht,
ihm gehört, wer irrt
und wer irreführt.

HIOB 12,16 ZB

Gott will,
dass alle Menschen gerettet werden
und sie zur Erkenntnis
der Wahrheit kommen.

1. TIMOTHEUS 2,4

Die Wahrheit ist kein Lehrsatz, sondern eine Person.

OSWALD CHAMBERS,
SCHOTTISCHER MISSIONAR

Hilf mir aus meinem Gedankenkarussell heraus.
Ich weiß nicht mehr, ob oben oder unten, rechts oder links.
So vieles schwirrt durch meinen Kopf schwirrt.
Überfordert und durcheinander überlasse ich mich ganz dir.
Im Zweifel für dich.

2. MOSE 12,1–14

Dienstag 11 FEBRUAR

Du sollst den Geringen
nicht vorziehen,
aber auch den Großen
nicht begünstigen.

3. MOSE 19,15

Ihr glaubt doch
an unseren Herrn Jesus Christus,
der in Herrlichkeit regiert.
Dann beurteilt andere nicht
nach ihrem Ansehen.

JAKOBUS 2,1 BB

STOPP
Überheblichkeiten
Minderwertigkeitskomplexen
Schubladendenken
Reden über »die ....«
vorschnelle Verurteilung
Lass unsere Gemeinschaft ein Ort sein,
wo Diskriminierung keinen Platz hat!

2. MOSE 12,21–28

Mittwoch

12

FEBRUAR

Mein Tag

Sie gieren alle, Klein und Groß,
nach unrechtem Gewinn,
und Propheten und Priester
gehen alle mit Lüge um
und heilen den Schaden meines Volks
nur obenhin, indem sie sagen:
»Friede! Friede!«,
und ist doch nicht Friede.

JEREMIA 6,13–14

Die Liebe soll echt sein,
nicht geheuchelt.
Verabscheut das Böse,
haltet euch unbeirrbar an das Gute.

RÖMER 12,9 NGÜ

Wenn die Entfaltung
des anderen mir wichtiger wird
als das eigene Glück,
dann ist es Liebe.
Lieben heißt,
dem anderen den Himmel zu gönnen,
auch wenn dafür
mein eigenes Glück
irdisch bleibt.

HANS-JOACHIM ECKSTEIN,
PROFESSOR DER THEOLOGIE

Mach mich zu einem Menschen, der deine Liebe in sich trägt.
Der Mut hat, über den eigenen Schatten zu springen.
Der nicht zuerst den leichten oder bequemen Weg nimmt,
sondern danach fragt, was andere brauchen.

Amen.

2. MOSE 12,29–42

Donnerstag
13
FEBRUAR

Mein Tag

Fragt nach den Wegen der Vorzeit,
welches der gute Weg sei,
und wandelt darin,
so werdet ihr Ruhe finden
für eure Seele!

JEREMIA 6,16

Ich wünsche nur sehnlichst,
dass jeder und jede von euch
genau denselben Eifer auch an den Tag
legt, wenn es darum geht,
die Hoffnung auf das,
was Gott uns versprochen hat,
mit voller Kraft bis
zum Ende durchzuhalten.
Ihr dürft darin nicht nachlassen!
Nehmt euch ein Beispiel an denen,
die Vertrauen und Ausdauer bewahrt
und darum empfangen haben,
was Gott versprochen hat.

HEBRÄER 6,11–12 GN

Welche Biografie ermutigt dich zu glauben? Vielleicht wird es Zeit für neue Inspiration?

Jesus, unsere Hoffnung,
für jeden von uns hast du einen Ruf.
Du sagst zu uns: Komm, folge mir nach,
und du wirst finden, wo dein Herz ausruhen kann.

FRÈRE ROGER, TAIZÉ

2. MOSE 13,17–22

Freitag 14 FEBRUAR

Er war so verachtet,
dass man das Angesicht
vor ihm verbarg;
darum haben wir ihn
für nichts geachtet.

JESAJA 53,3

Sehet, welch ein Mensch!

JOHANNES 19,5

Gottes Sohn: kein Held, sondern ein Diener der Menschen. Mit ihm lässt sich nicht prahlen, keine Angst machen und schon gar nicht Macht ausüben. Die Bilder, die wir von diesem menschgewordenen Gotteskind in der Passionszeit sehen, sind nicht schön: Er wird angefeindet, bespuckt, geprügelt, verhöhnt. Jesus wird verraten, gefangen genommen und schließlich ans Kreuz geschlagen. Und er selbst? Er gibt nicht den gepanzerten Helden, den das alles nicht berühren kann. Im Gegenteil: Er weint, er ist verzagt und zittert vor Angst. Er hadert mit Gott und schreit seinen Schmerz an den Himmel. Der Gottessohn ist zugleich ganz Menschensohn. Nichts lässt er aus von dem, was unser Menschsein ausmacht. Er gibt sich hin, aus Liebe.

TINA WILLMS

Hilflos beten wir für alle,
die wie du, Jesus,
verachtet werden, misshandelt und
geschlagen.
Du verstehst ihren Schmerz am besten,
nimm ihr Schreien auf,
erlöse sie!

2. MOSE 14,1–9

Mein Tag

Samstag 15 FEBRUAR

Mein Gott, des Tages rufe ich,
doch antwortest du nicht,
und des Nachts,
doch finde ich keine Ruhe.

PSALM 22,3

Schrei zum Himmel! Lass raus, was dich bedrückt!

Als Jesus hier auf der Erde lebte,
brachte er seine Gebete
und sein Flehen vor Gott –
mit lautem Rufen und unter Tränen.
Denn der konnte ihn vom Tod retten.
Und wegen seiner Ehrfurcht
vor Gott ist er erhört worden.

HEBRÄER 5,7 BB

Vater bist Du da? –
Ich kann Dich nicht spüren.
Mir ist so kalt in der Welt.
Vater, wo bist Du? –
Ich kann Dich nicht sehen.
Du bist so gut versteckt.
Vater, hast Du etwas gesagt?
Ich kann Dich nicht hören.
Du scheinst mir so unerreichbar fern.
Vater?
Wo Du auch bist, ich bin hier
und warte auf Dich!

ANNA HASENSTAB

2. MOSE 14,10–20

Sonntag 16 FEBRUAR

Er gibt dem Müden Kraft und Stärke genug dem Unvermögenden.

JESAJA 40,29

Paulus schreibt:
**Der Herr hat zu mir gesagt:
Lass dir an meiner Gnade genügen;
denn meine Kraft vollendet
sich in der Schwachheit.**

2. KORINTHER 12,9

Du durchdringst doch alles
auch die tiefsten Nächte
wenn wir drohen zu zerbrechen
Lass mich wie den Winter
still erstarrt hier sterben
und dann zaghaft Frühling werden
Alles taut
atmet auf
daran will ich klammern
halte mich solange

JELENA HERDER, THEOLOGIN & KÜNSTLERIN
AUF DIE MELODIE VON »GOTT IST GEGENWÄRTIG«

2. MOSE 14,21–31

Mein Tag

Montag

17

FEBRUAR

Von deiner Wahrheit
und von deinem Heil rede ich, HERR.
Ich verhehle deine Güte und Treue
nicht vor der großen Gemeinde.

PSALM 40,11

Die Wahrheit hat Zeugen nötig.

ALBERT CAMUS,
FRANZÖSISCHER SCHRIFTSTELLER UND PHILOSOPH

Paulus schreibt:
**Gott hat uns den Mut
und die Kraft gegeben,
euch seine rettende Botschaft
zu verkünden –
trotz aller Widerstände,
mit denen wir fertigwerden mussten.**

1. THESSALONICHER 2,2 HFA

Stadt, Land Welt –
eine Botschaft zieht Kreise.
Gehet hin, so hat Jesus gesagt.
Gottes Geist geht mit uns auf die Reise.
Alle Grenzen überwindet seine Kraft.

MARKUS WÄSCH

2. MOSE 15,1–5.20–21

Mein Tag

Dienstag 18 FEBRUAR

Du wirst erkennen, wer ich bin:
Ich bin der HERR!
Ich enttäusche keinen,
der mir sein Vertrauen schenkt.

JESAJA 49,23 HFA

Wenn sie euch aber
vor die Gerichte der Synagogen
und vor die Machthaber
und vor die Behörden führen,
dann sorgt euch nicht,
wie oder womit ihr euch verteidigen
oder was ihr sagen sollt,
denn der heilige Geist
wird euch in jener Stunde lehren,
was ihr sagen müsst.

LUKAS 12,11–12 ZB

Gerade da hebt sich das Vertrauen auf Gott am höchsten, wo die menschlichen Hoffnungen am tiefsten sinken. Denn wo alle menschliche Hilfe weicht, da macht sie der göttlichen Platz.

IGNATIUS VON LOYOLA,
MITBEGRÜNDER DES JESUITENORDENS
IM 16. JAHRHUNDERT

Wir denken im Gebet an die Menschen,
die wegen ihres Bekenntnisses zu dir unter Druck stehen.
Denen Benachteiligung und Repressalien drohen.
Denen keiner beisteht, wenn sie sich verteidigen müssen.
Tritt du für sie ein. Lass sie erleben, wie du in ihnen die Worte
schenkst, die sie in brenzligen Situationen brauchen.

Amen

LUKAS 5,1–11

Mein Tag

Mittwoch

19

FEBRUAR

Wenn der HERR nicht das Haus baut,
so arbeiten umsonst,
die daran bauen.

PSALM 127,1

Simon sprach:
Meister, wir haben die ganze Nacht
gearbeitet und nichts gefangen;
aber auf dein Wort hin
will ich die Netze auswerfen.
Und als sie das taten,
fingen sie eine große Menge Fische.

LUKAS 5,5–6

Die meisten Menschen ahnen nicht, was Gott aus ihnen machen könnte, wenn sie sich ihm nur zur Verfügung stellen würden.

IGNATIUS VON LOYOLA

Dank sei dir!
Für alles, was ich heute schaffen
durfte:
Klassenarbeit,
Leitung der Teamsitzung,
Computerproblem lösen,
Essenkochen, Babysitten,
Fahrrad reparieren,

____

____

LUKAS 5,12–16

Mein Tag

Donnerstag

20

FEBRUAR

Der HERR wird seinem Volk
Recht schaffen,
und über seine Knechte wird
er sich erbarmen.

5. MOSE 32,36

Sollte Gott nicht auch Recht schaffen
seinen Auserwählten,
die zu ihm Tag und Nacht rufen,
und sollte er bei ihnen lange warten?

LUKAS 18,7

gott
ich will es glauben
dass Du die erniedrigten erhöhst
die wunden heilst
und für gerechtigkeit sorgst
aber
wann
gott
wann?

lass mich nicht aufhören
darauf zu hoffen
rufe es mir zu
wenn alles in mir schreit
flüstere es mir ins ohr
wenn ich nicht schlafen kann:
die
zeit
wird
kommen

JOHANNA BECK

LUKAS 5,17–26

Mein Tag

Freitag 21 FEBRUAR

Weide dein Volk
mit deinem Stabe.

MICHA 7,14

Christus hat die einen
zu Aposteln gemacht,
andere zu Propheten,
andere zu Evangelisten,
wieder andere zu Hirten
und Lehrern der Gemeinde.
Deren Aufgabe ist es,
die Glaubenden zum Dienst bereit
zu machen, damit die Gemeinde,
der Leib von Christus,
aufgebaut wird.

EPHESER 4,11–12 GN

Worin bist du ein unverwechselbares Geschenk für deine Mitmenschen?

Gut, dass wir einander haben,
gut, dass wir einander sehn,
Sorgen, Freuden, Kräfte teilen
Und auf einem Wege gehn.
Gut, dass wir nicht uns nur haben,
dass der Kreis sich niemals schließt
und dass Gott, von dem wir reden,
hier in unsrer Mitte ist.

MANFRED SIEBALD

LUKAS 5,27–32

Samstag

22

FEBRUAR

Mein Tag

Was recht ist,
dem sollst du nachjagen,
damit du leben kannst.

5. MOSE 16,20

Selig sind, die da hungert
und dürstet nach der Gerechtigkeit;
denn sie sollen satt werden.

MATTHÄUS 5,6 ZB

Leen van Burg war einer der Menschen, die sich gegen die Rassentrennung in Südafrika eingesetzt haben. Der südafrikanische Theologe Rommel Roberts schildert in seinem Buch »Wie wir für die Freiheit kämpften« stille Heldinnen und Helden. Sie engagierten sich als Christen, mit gewaltlosen Mitteln. – Leen, geboren und aufgewachsen in den Niederlanden, war junger Student, als sein Land von den Nazis besetzt wurde. In einer Gruppe mit dem Pfarrer zusammen half er, jüdische Menschen zu retten. Die Gruppe wurde verraten, Leen kam ins Konzentrationslager Dachau und überlebte als Einziger von ihnen. Leen van Burg wurde internationaler Anwalt. Unerschrocken hat er sich stets für Unterdrückte eingesetzt, aus seinem tiefen Glauben an Christus heraus. So engagierte er sich in Südafrika bis zum Ende der Apartheid. Er war ein Mensch mit »Hunger und Durst nach der Gerechtigkeit«, nach der Bergpredigt.

MARIANNE BERTSCHI

LUKAS 6,1–5

Mein Tag

Sonntag 23 FEBRUAR

So spricht der HERR:
Ich will mich selbst als Wache um mein Haus lagern.
SACHARJA 9,8

Jesus stand auf und bedrohte den Wind und die Wogen des Wassers, und sie legten sich und es ward eine Stille. Er sprach aber zu den Jüngern: Wo ist euer Glaube?
LUKAS 8,24–25

Wann wurde dein Vertrauen besonders auf die Probe gestellt?

Ich seh die Wellen kommen und gehen
Sorgen toben, wenn die Winde sich drehen
So viele Fragen, wer weiß schon, was kommt
Nur dunkle Wolken am Horizont.
Komm und still den Sturm in mir.
Mein rastloses Herz sehnt sich nach dir
Komm und still den Sturm in mir.
Mein rastloses Herz wird ruhig bei dir
Ich werd ruhig bei dir.

SAMUEL HARFST

LUKAS 6,6–11

Montag

24

FEBRUAR

Ihr trinkt den Wein kübelweise
und verwendet
die kostbarsten Parfüme;
aber dass euer Land
in den Untergang treibt,
lässt euch kalt.

AMOS 6,6 GN

Betrinkt euch nicht;
denn zu viel Wein verführt zu einem
liederlichen Lebenswandel.
Lasst euch lieber
vom Geist Gottes erfüllen!

EPHESER 5,18 GN

Wir sind gesegnet,
diese Welt zu segnen

Geliebt zu lieben,
wo die Liebe fehlt

Wir sind verwandelt,
etwas zu verändern

wir sind befreit als
deine Hände für die Welt

A. APKE/M. MARIN

Mein Tag

Deine Tipps gegen einen verschwenderischen Lebensstil:

5★

1. Teilen
2. Secondhand statt alles Neu
3. Urlaubsziel in der Nähe suchen
4. Reparieren statt ersetzen
5. Fairteiler nutzen

Meine Top five:

____

____

____

____

____

LUKAS 6,12–19

Dienstag 25 FEBRUAR

Meine Stärke ist der HERR,
ihm singe ich mein Lied;
er wurde mir zum Helfer!

PSALM 118,14 NGÜ

Leidet jemand unter euch,
der bete; ist jemand guten Mutes,
der singe Psalmen.

JAKOBUS 5,13

Psalm
(Als Notausgang zu singen)

Ich liebe dich Gott, meine Stärke,
Mein Fels
die Mauer
die meinen Tritten standhält

Meine Burg
das Zimmer im elften Stock
unten rauscht die Spielzeugwelt

Mein Retter
die Nachricht
die nachts das Display erleuchtet

Du führst mich ins Weite
kennst alle Notausgänge

weil du mich liebst

SUSANNE NIEMEYER, AUTORIN UND BLOGGERIN

LUKAS 6,20–23

Mittwoch

26

FEBRUAR

Mein Tag

Wer bestimmt
den Geist des HERRN,
und welcher Ratgeber
unterweist ihn?

JESAJA 40,13

Der Wind bläst, wo er will,
und du hörst sein Sausen wohl;
aber du weißt nicht,
woher er kommt
und wohin er fährt.
So ist ein jeder,
der aus dem Geist geboren ist.

JOHANNES 3,8

Heiliger Geist, wo bist du gerade unterwegs? Wir
vermissen dein Wirken! Komm zu uns!
Beflügele unsere Gedanken.
Brenn in unseren Herzen.
Erneure, was festgefahren.
Bewege, was eingeschlafen.
Belebe, was erstarrt.
Begeistere uns wieder!

Amen.

LUKAS 6,24–26

Mein Tag

Donnerstag

27

FEBRUAR

Dient dem HERRN
von ganzem Herzen.
Und weicht nicht ab;
folgt nicht denen, die nichts sind,
die nichts nützen
und nicht retten können,
denn sie sind nichts!

1. SAMUEL 12,20–21 ZB

Werdet nicht unverständig,
sondern versteht,
was der Wille des Herrn ist.

EPHESER 5,17

Vor einigen Jahren bekam ich zum Geburtstag eine Laufuhr mit GPS geschenkt, ein Spielzeug, das meinen Spaß an der Bewegung augenblicklich vergrößerte. Aber die Uhr funktioniert nicht ohne Weiteres. Bevor man zu laufen beginnt, kann es einen Moment dauern, bis sie mit dem Satelliten Kontakt aufgenommen hat; so lange steht auf dem Display »Standortsuche«. Manchmal geht die Suche schnell, an anderen Tagen dauert sie minutenlang. Anfangs habe ich mich über diese Wartezeit geärgert, aber dann habe ich mich entschlossen, sie als Erinnerung zu verstehen: Um Kalibrieren und Standortsuche geht es ja auch in vielen anderen Lebensbereichen, und es ist nicht dumm, vor dem Starten seine Position zu finden, egal, worum es geht, ob um ein heikles Gespräch, eine anstrengende Sitzung, einen langen Arbeitstag oder so große Fragen wie die nach der Berufung und dem eigenen Weg. Immer ist es gut zu wissen, wo man ist, bevor man loslegt.

TOMAS SJÖDIN, SCHWEDISCHER PASTOR UND SCHRIFTSTELLER

Finde du mich,
wenn ich mich verliere!

LUKAS 6,27–31

Freitag 28 FEBRUAR

Unseren Feinden hast du erlaubt,
uns in den Staub zu treten.
Durch Feuer und Wasser
mussten wir gehen;
doch du hast uns herausgeholt,
sodass wir wieder frei
atmen konnten.

PSALM 66,12 GN

Paulus schreibt:
Wir leiden Verfolgung,
aber wir werden nicht verlassen.
Wir werden unterdrückt,
aber wir kommen nicht um.
Wir tragen allezeit das Sterben Jesu
an unserm Leibe,
auf dass auch das Leben Jesu
an unserm Leibe offenbar werde.

2. KORINTHER 4,9–10

Gott hilft uns nicht immer am Leiden vorbei, aber er hilft uns hindurch.

JOHANN ALBRECHT BENGEL

Wie oft habe ich gefragt
Warum musste ich das erleben?
Das Herz noch schwer von der Erinnerung,
hast du mir bis heute keine Antwort darauf gegeben.
Aber ich durfte sehen,
den Schmerz, den hast auch du getragen.
Und wenn wir schon im Schweren vereint sind,
warum nicht auch in einem Neuanfang?
Warum sollte nicht auch in mir neues, leichtes Leben erwachen?

LUKAS 6,32–35

März

03 / 25

Wenn bei dir ein Fremder in eurem Land lebt,
sollt ihr ihn nicht unterdrücken.

3. MOSE 19,33

	03	10	17	24	31	MONTAG
	04	11	18	25		DIENSTAG
	05	12	19	26		MITTWOCH
	06	13	20	27		DONNERSTAG
	07	14	21	28		FREITAG
01	08	15	22	29		SAMSTAG
02	09	16	23	30		SONNTAG

Samstag

01

MÄRZ

Mein Tag

Denkt an den Anfang,
an das, was schon immer war:
Ich bin Gott und keiner sonst,
ich bin Gott, und meinesgleichen
gibt es nicht.

JESAJA 46,9 ZB

Das Zeitliche braucht den Halt des Ewigen.

FRANZ ROSENZWEIG, HISTORIKER UND PHILOSOPH

Ich bin das A und das O,
spricht Gott der Herr,
der da ist und der da war
und der da kommt,
der Allmächtige.

OFFENBARUNG 1,8

Mein Gott
die Vergangenheit ist bei dir gut aufgehoben
der Zukunft bist du in jedem Fall gewachsen
zu jeder Tageszeit bist du an meiner Seite
kein Haltbarkeitsdatum kann dich limitieren
du bist immer zeitgemäß
einzigewig
ich preise dich!

LUKAS 6,36–38

Mein Tag

Sonntag 02 März

Der Herr erlöste sie,
weil er sie liebte
und Erbarmen mit ihnen hatte.
Er nahm sie auf
und trug sie allezeit von alters her.
JESAJA 63,9

Und siehe,
zwei Blinde saßen am Wege;
und als sie hörten,
dass Jesus vorüberging,
schrien sie und sprachen:
Ach, Herr, du Sohn Davids,
erbarme dich unser!
MATTHÄUS 20,30

Dir war es nicht egal, wie es mir geht.
Du hast mich gehört, als keiner ein Ohr für mich hatte.
Du hast mich getragen, als ich nicht mehr weiterkam.
Du hast mich aus dem Schlamassel gezogen,
den ich selbst angerichtet habe.
Wie gut ist dein Erbarmen!

LUKAS 6,39–42

Montag

03

MÄRZ

Mein Tag

Erforsche mich, Gott,
und erkenne mein Herz;
prüfe mich und erkenne,
wie ich's meine.
Und sieh,
ob ich auf bösem Wege bin,
und leite mich auf ewigem Wege.

PSALM 139,23–24

Wie eng ist die Pforte
und wie schmal der Weg,
der zum Leben führt.

MATTHÄUS 7,14

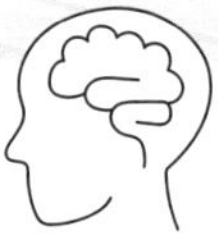

Welche Wegweiser gibt es in deinem Leben?

Ein neuer Tag
Zwei Wege, die man gehen kann
oder auch drei
Ein Fenster ins Gestern
eine Tür ins Heute,
Träume voll Farben, fremde Gerüche
Worte von weit her
Berührungen ganz nah

Stimmen, Schritte
Abdrücke, bestelltes Land
überall du
und ich mittendrin
Behüte mich

Amen

SUSANNE NIEMEYER/MATTHIAS LEMME

LUKAS 6,43–45

Mein Tag

Dienstag

04

MÄRZ

Freue dich und sei fröhlich,
du Tochter Zion!
Denn siehe, ich komme
und will bei dir wohnen,
spricht der HERR.

SACHARJA 2,14

#Tochter Zion
Poetische Bezeichnung
für die Stadt
Jerusalem.

SACHERKLÄRUNG DER BASISBIBEL

So zog Jesus in Jerusalem ein.
Die ganze Stadt geriet in Aufregung,
und alle fragten:
»Wer ist dieser Mann?«

MATTHÄUS 21,10 NGÜ

Du hast dich angekündigt!
Aufgeregt hüpft mein Herz seit Tagen bei dem Gedanken.
Ein Lächeln liegt auf meinen Lippen.
Es kribbelt in meinem Bauch.
Wie wird es sein, mit dir zusammen zu wohnen
Wie wird sich das Leben verändern?
Gespannt hänge ich ein Schild an die Tür: Herzlich willkommen!
und genieße die Vorfreude.

LUKAS 6,46–49

Mittwoch

05

MÄRZ

BEGINN DER PASSIONSZEIT

Mein Tag

Eure Sünden haben
des Herrn Angesicht
vor euch verdeckt,
so dass er nicht hört.

JESAJA 59,2 ZB

Denn der Lohn,
den die Sünde zahlt,
ist der Tod; aber das Geschenk,
das Gott uns in seiner Gnade macht,
ist das ewige Leben
in Jesus Christus,
unserem Herrn.

RÖMER 6,23 NGÜ

Schieb Jesus deine Schuld in die Schuhe!

Ich danke dir, Jesus, dass es deine Güte war,
die den Preis bezahlte und mich errettet hat.
Ich danke dir, Jesus, dass es deine Gnade war,
die die Sünde aller Welt auf die Schultern nahm.

Ich danke dir, Jesus denn der Tod hat nicht gesiegt,
weil du auferstanden bist und nicht im Grabe bliebst.
Ich danke dir, Jesus, für das, was du mir gibst:
ein Leben für die Ewigkeit, weil du in mir lebst.

S. SCHÖPFLE/M. FRIESEN

2. MOSE 15,22–27

Mein Tag

Donnerstag

06

MÄRZ

Vom Aufgang der Sonne
bis zu ihrem Niedergang ist
mein Name herrlich
unter den Völkern,
spricht der HERR Zebaoth.

MALEACHI 1,11

Jesus spricht:
Viele werden kommen von Osten
und von Westen und mit Abraham
und Isaak und Jakob
im Himmelreich zu Tisch sitzen.

MATTHUS 8,11

Heaven is a wonderful place,
filled with glory and grace,
I want to see my saviour‘s face.
Heaven is a wonderful place.
I want to go there.

O.A. LAMBERT

2. MOSE 16,1–8

Freitag

07

MÄRZ

WELTGEBETSTAG

Mein Tag

Wo viel geredet wird,
bleiben Fehler nicht aus.
Wer aber seine Zunge im Zaum hält,
zeigt Verstand.

SPRÜCHE 10,19 BB

Euer Ja sei ein Ja
und euer Nein ein Nein;
jedes weitere Wort ist vom Bösen.

MATTHÄUS 5,37 NGÜ

Good to know

Jesus bezieht sich mit dieser Aussage auf die damalige Praxis, mit speziellen Schwurformeln die Verbindlichkeit von Aussagen zu gewichten. Im Gegensatz dazu soll das Reden seiner NachfolgerInnen ehrlich und glaubwürdig sein. Sie sollen aufrichtig sagen, was sie meinen und meinen, was sie sagen. Denn wer es nötig hat zu schwören, dessen Wort ist nicht viel wert.

Aneinander vorbeigeschrieben,
ein Wort falsch aufgefasst,
einen blöden Kommentar gepostet,
eine Bemerkung total überbewertet,
mal gewollt und noch viel öfter ganz unbeabsichtigt
irritiert, angegriffen, verletzt –
hilf uns, die richtigen Worte und Buchstaben zu finden
für das, was wir einander sagen wollen!

2. MOSE 16,9–21

Mein Tag

Samstag

08

MÄRZ

So spricht der HERR:
Suchet mich,
so werdet ihr leben.

AMOS 5,4

Simon Petrus sprach zu Jesus:
Herr, wohin sollen wir gehen?
Du hast Worte des ewigen Lebens.

JOHANNES 6,68

Am Ende der Suche und der Frage nach Gott steht keine Antwort, sondern eine Umarmung.

RENATE WIND

Lieber Gott,
bisher habe ich nur von dir gehört.
Ich weiß nicht, ob es dich wirklich gibt.
Wenn es dich wirklich gibt,
dann will ich dich kennenlernen.
Stelle mir Menschen an die Seite,
die mich zu dir führen.

2. MOSE 16,22–30

Sonntag

09

MÄRZ

Mein Tag

Es freue sich das Herz derer,
die den HERRN suchen!
PSALM 105,3

Der Gott der Hoffnung
aber erfülle euch mit aller Freude
und Frieden im Glauben,
dass ihr immer reicher werdet
an Hoffnung durch die Kraft
des Heiligen Geistes.
RÖMER 15,13

Hoffnung
ist ein Herzensfest
egal wie still oder bunt
die Hoffnung feiert manchmal
wenn der Grund
sich noch nicht sehen lässt
dann gibts zum Trotz
ein trotzig großes Regenfest
das muss nicht immer laut und rauschend sein
Herzensfeste
sind manchmal zögernd
zaghaft
klein
und manchmal brauchen sie noch Zeit
und das ist auch ok
die Hoffnung weiß was von Verlässlichkeit
dass sich nach jedem Winter Frühling zeigt
der Morgen jede Nacht vertreibt
dass ein Fest-Herz befestigt bleibt
und dass alles
seine
Zeit
hat.

JELENA HERDER

2. MOSE 16,31–35

Mein Tag

Montag 10 März

Ich liege
und schlafe ganz mit Frieden;
denn allein du, HERR,
hilfst mir, dass ich sicher wohne.
PSALM 4,9

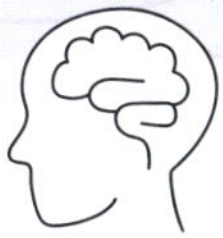

Was will dir den Schlaf rauben?

Jesus spricht:
Frieden lasse ich euch,
meinen Frieden gebe ich euch.
Nicht gebe ich euch,
wie die Welt gibt.
Euer Herz erschrecke nicht
und fürchte sich nicht.
JOHANNES 14,27

Wie viele Menschen gehen heute schlafen
und haben kein weiches, bequemes Bett?
Hören Bomben und Raketen?
Werden wachgehalten von Angst und Sorge?
Komm, mit deinem Frieden. Schenk Ruhe,
innen und außen. Wache du über sie.
Lass sie spüren, dass du kein Auge zumachst,
damit sie sicher sind.

2. MOSE 17,1–7

Dienstag

11

MÄRZ

Mein Tag

Josua sprach zum Volk:
Ihr seid Zeugen gegen euch selbst,
dass ihr euch den HERRN erwählt habt,
um ihm zu dienen.
Und sie sprachen: Ja!

JOSUA 24,22

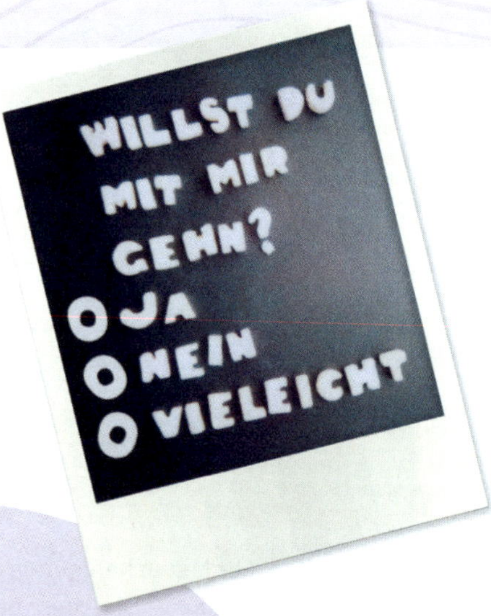

Bemüht euch deshalb nach Kräften,
liebe Brüder und Schwestern,
eure Berufung
und Erwählung zu festigen.
Wenn ihr das tut,
werdet ihr niemals zu Fall kommen.
Dann wird euch in herrlicher Weise
Zugang gewährt
zum ewigen Reich unseres Herrn
und Retters Jesus Christus

2. PETRUS 1,10–11 BB

Muss mich immer mal wieder neu auf die Suche
nach meiner Antwort machen.
War noch nie gut darin, mich festzulegen.
Aber wenn du mich so fragst …

2. MOSE 17,8–16

Mein Tag

Mittwoch

12

MÄRZ

Zur selben Zeit und in jenen Tagen
wird man die Missetat Israels suchen,
spricht der HERR,
aber es wird keine da sein,
und die Sünden Judas,
aber es wird keine gefunden werden;
denn ich will sie vergeben.

JEREMIA 50,20

Durch seine Wunden
seid ihr heil geworden.

1. PETRUS 2,24

Gedankenexperiment.
Du wachst morgens auf.
Und du kannst einfach nicht mehr finden,
was dich gestern noch so beschwert hat.
Du suchst in jeder Ecke,
aber da ist einfach nichts mehr.
Was wäre das?
Und wie fühlt sich das an?

Ich bringe dir alles, was wund ist in mir.
Die Scherben der letzten Nacht.
Meinen Stolz und meine Schuld.
Schmerz und Trennung.
Wund bist du geschlagen worden,
um meine Wunden auf dich zu nehmen.
So bitte, heile du mich,
und verwandele meine Wunden in Wunder.

2. MOSE 19,1–6

Donnerstag

13

MÄRZ

Mein Tag

Noah fand Gnade
vor dem HERRN.

1. MOSE 6,8

Ihr seid das erwählte Volk:
eine königliche Priesterschaft,
ein heiliges Volk, eine Gemeinschaft,
die in besonderer Weise
zu Gott gehört.
Denn ihr sollt die großen Taten
Gottes verkünden.
Er hat euch nämlich
aus der Finsternis
in sein wunderbares Licht gerufen.

1. PETRUS 2,9 BB

*Ihr sollt sein
wie ein Fenster,
durch das Gottes Güte
in die Welt
hineinleuchten kann.*

EDITH STEIN

Lass uns von deiner Gnade singen
und froh durch unsre Tage gehen,
lass uns um alle Menschen ringen,
die noch in Nacht und Dunkel stehn.
Lass preisen und und jubilieren
und lass uns deine Wunder schaun,
dass wir die Herzen zu dir führen
und so an deinem Reiche baun.

ALBERT BARTSCH

2. MOSE 19,7–11

Mein Tag

Freitag 14 MÄRZ

Der HERR wird König
sein über alle Lande.
An jenem Tag wird der HERR
der einzige sein
und sein Name der einzige.
SACHARJA 14,9

Was macht Gott einzigartig?

Sie alle haben ein
und denselben Herrn,
Jesus Christus,
der aus seinem Reichtum
alle beschenkt,
die ihn darum bitten.
RÖMER 10,12 HFA

Wir sind gekommen um dich anzubeten.
Auf vielen Wegen haben wir zu dir gefunden.
Dein Ruf ist durch die Welt gegangen, hat angefangen,
die Sehnsucht aufzuwecken, uns von fern
und von nah zu verbinden, um dich zu finden,
um dich zu finden.
G. BALTES/P. NATTERER/L. PETER

2. MOSE 19,16–25

Samstag

15

MÄRZ

Du wirst einen
neuen Namen tragen,
der HERR selbst
wird ihn dir geben.

JESAJA 62,2 HFA

Jesus betete:
Wenn jemand zu Christus gehört,
gehört er schon zur neuen Schöpfung.
Das Alte ist vergangen,
etwas Neues ist entstanden!

2. KORINTHER 5,17 BB

Noch bin ich hier und so lebst du in mir
mein Dank, mein Lob, mein Amen
gebührt nur dir.
Mein Leben soll dein Loblied sein,
nicht ich will mich rühmen,
denn ich bin doch so klein,
will dich bloß ehren, denn du allein
gibst mir die Möglichkeit,
das bestmögliche Ich zu sein.

JANA HIGHHOLDER, ÄRZTIN UND YOUTUBERIN

2. MOSE 20,1–3

Mein Tag

Sonntag

16

MÄRZ

Ich sprach, als es mir gut ging:
Ich werde nimmermehr wanken.
Aber als du dein Antlitz verbargest,
erschrak ich.

PSALM 30,7.8

Jesus spricht:
Ihr habt nun Traurigkeit;
aber ich will euch wiedersehen,
und euer Herz soll sich freuen,
und eure Freude soll niemand
von euch nehmen.

JOHANNES 16,22

Egal ob
Sonnenschein
Dauerregen
Gewitter oder Sturm
An allen Tagen will ich mit dir verbunden sein.
Danke, dass du jede Wetterlage in der Hand hast.

Amen.

2. MOSE 20,4–6

Montag 17 MÄRZ

Mein Tag

Herr, wo ist ein Gott wie du?
Du vergibst denen,
die von deinem Volk
übrig geblieben sind,
und verzeihst ihnen ihre Schuld.
Du bleibst nicht für immer zornig,
denn du liebst es, gnädig zu sein!

MICHA 7,18 HFA

Maria sprach:
Gott gedenkt der Barmherzigkeit
und hilft
seinem Diener Israel auf.

LUKAS 1,54

Das muss ich dir, mein Gott, bekennen,
das rühm ich, wenn ein Mensch mich fragt;
ich kann es nur Erbarmung nennen,
so ist mein ganzes Herz gesagt.
Ich beuge mich und bin erfreut
und rühme die Barmherzigkeit.

PHILIPP FRIEDRICH HILLER

B edingungslose
A ufnahme –
R eine
M enschlichkeit –
H immlisches
E ngagement –
R edliches
Z usammensein –
I nnewohnende
G öttlichkeit:
K ommunion –
E r wird
I mmer unsere
T ränen trocknen

MICHAEL LEHMLER

2. MOSE 20,7

Mein Tag

Dienstag 18 MÄRZ

HERR,
du bist meine Stärke
und Kraft
und meine Zuflucht in der Not!
JEREMIA 16,19

Paulus schreibt:
**Ich weiß, an wen ich glaube,
und bin gewiss,
dass er bewahren kann,
was mir anvertraut ist,
bis an jenen Tag.**
2. TIMOTHEUS 1,12

Auch wenn nachts
die Welt auf dem Kopf steht
fallen wir nicht
aus dem Bett
und die Ziegel
nicht vom Dach
nicht nur
die Erde trägt
auch
der Himmel
hält uns
CATRINA E. SCHNEIDER

Ich glaube, Herr, ich glaube
du hilfst, wenn ichs doch nicht kann!
JELENA HERDER

2. MOSE 20,8–11

Mittwoch
19
MÄRZ

Mein Tag

Hiob antwortete dem HERRN:
Siehe, ich bin zu gering,
was soll ich antworten?
Ich will meine Hand
auf meinen Mund legen.

HIOB 40,3–4

Paulus schreibt:
Jetzt erkenne ich nur Bruchstücke.
Aber dann werde
ich vollständig erkennen,
so wie Gott mich schon jetzt
vollständig kennt.

1. KORINTHER 13,12 BB

*Was Gott ist,
wissen wir so wenig
wie ein Käfer weiß,
was ein Mensch ist.*

HULDRYCH ZWINGLI, SCHWEIZER REFORMATOR

Mir fehlt der Durchblick, ich stehe im Nebel.
Verstehe mich nicht, dich nicht, die Welt nicht.
Es tut so gut zu wissen, dass du weißt,
wie alles einmal zusammenpassen wird.
Dass du einen Sinn im Chaos findest.
Dass du mich so gut kennst und deshalb weißt,
was ich brauche und wofür du mich gemacht hast.

2. MOSE 20,12

Mein Tag

Donnerstag

20

MÄRZ

Wenn ich dich anrufe,
so erhörst du mich
und gibst meiner Seele
große Kraft.

PSALM 138,3

Jesus spricht:
Wer da bittet, der empfängt;
und wer da sucht, der findet;
und wer da anklopft,
dem wird aufgetan.

LUKAS 11,10

das gebet ist ein ort

wo ich beschenkt werde
wo ich zusammengenommen werde
wo ich mich überlassen kann
wo ich nahrung bekomme
wo meine widerstandskraft aufgebaut wird
wo ich sein kann ohne zu suchen
wo ich kind sein kann
wo ich mich frei bewegen kann
wo ich nichts beweisen muss

ein guter ort

XANDI BISCHOFF

2. MOSE 20,13

Freitag 21 MÄRZ

Mein Tag

Den Demütigen
wird der HERR Gnade geben.
SPRÜCHE 3,34

Es entstand auch ein Streit
unter den Jüngern,
wer von ihnen
als der Größte gelten könne.
Jesus aber sagte zu ihnen:
Die Könige herrschen über ihre Völker,
und die Macht über sie haben,
lassen sich als Wohltäter feiern.
Unter euch aber soll es nicht so sein,
sondern der Größte unter euch werde
wie der Jüngste, und wer herrscht,
werde wie einer, der dient.
LUKAS 22,24–26 ZB

Wer ist der Schönste? Die Coolste? Die Beste? Der Schlauste? Die mit den meisten Likes?
Befrei mich von dem Zwang, etwas darstellen zu müssen und ein gutes Bild abzugeben.
Mich ständig zu vergleichen. Besser als die anderen zu sein.
Nimm mir die Angst, zu kurz zu kommen, übersehen zu werden.
Lass mich lernen, immer mal wieder von mir wegzuschauen.
Ich will die Sehenswürdigkeiten genießen, die in den Hintergrund gerückt sind.
Ich will andere bewusst wahrnehmen, damit ich für sie da sein kann.

Amen.

2. MOSE 20,14

Mein Tag

Samstag

22

MÄRZ

Es kommt die Zeit,
da werde ich meinen Geist
ausgießen über alle Menschen.

JOEL 3,1 GN

Petrus sprach:
**Jesus ist nun
zur Rechten Gottes erhöht
und hat vom Vater die verheißene Gabe,
den heiligen Geist, empfangen,
den er jetzt ausgegossen hat,
wie ihr seht und hört.**

APOSTELGESCHICHTE 2,33 ZB

Durch Dich
Heiliger Geist
kann alles neu werden

Gib uns neue Gedanken
und lass uns das Undenkbare denken

Gib uns neue Gefühle
und lass uns das Unbegreifliche fühlen

Gib uns neue Taten
und lass uns das Unmögliche tun

Gib uns ein neues Herz
und lass uns dem Unfassbaren Raum geben

Mach alles neu
und lass uns Deine neue Welt sein
hier auf Erden

ANTON ROTZETTER

2. MOSE 20,15

Sonntag

23

MÄRZ

Ich will des Morgens rühmen
deine Güte;
denn du bist mir Schutz
und Zuflucht in meiner Not.

PSALM 59,17

Paulus schreibt:
Gottes Hilfe habe ich erfahren
bis zum heutigen Tag
und stehe nun hier
und bin sein Zeuge
bei Klein und Groß.

APOSTELGESCHICHTE 26,22

Guten Morgen, mein Gott!
Ich freue mich auf den Tag. Ich lebe gern. Das will ich dir sagen. So geht es heute nicht allen. Darum gib mir strahlende Augen, hilfreiche Hände, aufmerksame Ohren, wärmende Worte, beruhigendes Schweigen, einen Blick für das, was zwischen den Zeilen steht, und eine ansteckende Fröhlichkeit. Schenke mir ein klares Gedächtnis für mein schönes Leben heute, damit ich mich daran erinnere, wenn es mir selbst mal schlecht geht.

BENEDIKT WAGNER

Mein Tag

5☆

GeDANKen, um in diesen Tag zu starten:

1. Die Sonne scheint auch heute
2. So ein kuscheliges Bett
3. Frühstück!
4. Ich darf heute etwas erleben
5. Ich darf mich frei bewegen und sagen, was ich denke

Meine Top five:

____

____

____

____

____

2. MOSE 20,16

Mein Tag

Montag 24 März

Es ist der HERR;
er tue, was ihm wohlgefällt.
1. SAMUEL 3,18

Da sagte Jesus zu ihnen:
»Kommt und esst!«
Keiner der Jünger wagte es,
ihn zu fragen: »Wer bist du?«
Sie wussten doch,
dass es der Herr war.
JOHANNES 21,12 BB

Was hat dich in letzter Zeit gestärkt? Könnte Gott dahinterstecken?

Ziehe in mir deine Kreise.
Sprichst du auch nur leise:
ich will hören, was du sagst.
Zeichne dein Bild in meine Hände.
Ein Wort von dir spricht Bände,
auch wenn du mich hinterfragst:
Offenbare dich.
ARNE KOPFERMANN

2. MOSE 20,17

Dienstag
25
MÄRZ

Mein Tag

Noah war ein frommer Mann
und ohne Tadel zu seinen Zeiten;
er wandelte mit Gott.

1. MOSE 6,9

Wie der, der euch berufen hat,
heilig ist,
sollt auch ihr heilig sein
in eurem ganzen Wandel.

1. PETRUS 1,15

Good to know

Gott selbst ist heilig und in der Bibel werden Menschen oder Dinge als heilig bezeichnet, die mit ihm in Verbindung stehen. Dies ist sowohl ein Zuspruch als auch ein spannender Veränderungsprozess. Wer zu Gott gehört, darf ihm im Laufe des Lebens immer ähnlicher werden und so leben, wie es ihm gefällt. Gottes Heiligkeit färbt ab!

Kann man dich sehn wenn man in meine Augen sieht
Kann man dich hören wenn man mich so reden hört
Kann man dich finden wenn man ein Stück mit mir geht
Kann man dich sehn wenn man mich sieht
Nimm mein Herz und lehre mich
Wie Leben geht, von dem du sprichst
Ich möchte werden wie du mich siehst
Leben, weil du mich liebst

MITCH SCHLÜTER

2. MOSE 20,18–21

Mein Tag

Mittwoch 26 MÄRZ

Als einer im Elend rief,
hörte der HERR
und half ihm aus allen seinen Nöten.
PSALM 34,7

Jesus spricht:
Kommt her zu mir, alle,
die ihr mühselig und beladen seid;
ich will euch erquicken.
MATTHÄUS 11,28

Die Müdigkeit hat ihr Bett gemacht, acht Milliarden Kissen aufgeschüttelt und eine Decke, so groß wie die Enden der Erde, gestrickt. »Kommt her zu mir, alle die ihr mühselig und beladen seid. Ich will euch erquicken. Um die Mittagszeit, zwischen eins und halb drei, wiege ich euch in den Schlaf. Die Alltagsgeräusche blende ich aus. Ich rücke euere Ohrensessel zurecht, gebe den Hängematten einen Stups, schalte die Handys auf stumm. Seid unverfügbar. Fallt in meine Arme, ich fange euch auf.« Was für ein Traum.

SUSANNE NIEMEYER

seufz

2. MOSE 32,1–8

Donnerstag

27

MÄRZ

Mein Tag

Lobet Gott in den Versammlungen.

PSALM 68,27

Tag für Tag versammelten sie sich
als Gemeinschaft im Tempel.
In den Häusern hielten sie
die Feier des Brotbrechens.
Voller Freude
und in aufrichtiger Herzlichkeit
aßen sie miteinander das Mahl.
Sie lobten Gott
und waren beim ganzen Volk
hoch angesehen.

APOSTELGESCHICHTE 2,46–47 BB

Was ist für dich das Besondere an christlicher Gemeinschaft?

Ob laut oder leise
schief oder gerade
Sopran oder Bass
alte oder neue Lieder
Hauptsache zusammen!
Danke, dass ich dich spüren darf,
wenn wir zusammen singen.

2. MOSE 32,9–14

Mein Tag

Freitag 28 MÄRZ

Der HERR Zebaoth
wird Jerusalem beschirmen,
wie Vögel es tun mit ihren Flügeln,
er wird beschirmen und erretten,
schonen und befreien.

JESAJA 31,5

Jesus sprach zu den Jüngern:
Geht hin zu den verlorenen Schafen
aus dem Hause Israel.
Geht aber und predigt und sprecht:
Das Himmelreich
ist nahe herbeigekommen.

MATTHÄUS 10,6–7

Shalom chaverim,
shalom chaverim,
shalom, schalom,
lehitraot, lehitraot,
shalom, schalom.
Deutsche Übersetzung:
Der Friede des Herrn geleite euch,
Schalom, Schalom.

KANON AUS ISRAEL

2. MOSE 32,15–24

Samstag 29 MÄRZ

Mein Tag

Der Herr ist
in seinem heiligen Tempel.
Es sei stille vor ihm alle Welt!

HABAKUK 2,20

Jesus lehrte die Leute,
die dabei waren,
und erklärte ihnen:
»Steht nicht in der Heiligen Schrift:
›Mein Haus soll als Gebetshaus
für alle Völker bekannt sein‹«?

MARKUS 11,17 BB

Dieser Ort
an dem ich zur Ruhe komme
es keine großen Worte mehr braucht
ich einfach nur bin
im Moment
vor dir
staunend
deine Gegenwart genieße
Wo ist er?

2. MOSE 32,30–35

Mein Tag

Sonntag 30 MÄRZ

Er ist der HERR, unser Gott,
er richtet in aller Welt.
PSALM 105,7

Selig sind,
die um der Gerechtigkeit
willen verfolgt werden;
denn ihrer ist das Himmelreich.
MATTHÄUS 5,10

richten
gerichtet werden
richtig
richtig stellen
die Dinge richtig stellen
und herrichten
wieder herrichten

aufrichten
mich aufrichten
mich richtig stellen
und zurechtrücken

Recht
Recht schaffen
gerecht werden
einander gerecht werden
Gerechtigkeit
endlich
die Liebe Gottes bringt alle und alles
zurecht

CHRISTOPH MÜER

2. MOSE 34,1–10

Montag

31

MÄRZ

Mein Tag

Alle deine Geschöpfe
sollen dich preisen, HERR,
alle, die zu dir gehören,
sollen dir danken!

PSALM 145,10 GN

Mit Psalmen, Lobgesängen
und geistlichen Liedern
singt Gott dankbar in euren Herzen.

KOLOSSER 3,16

*Man muss wenigstens
so viel Zeit aufwenden,
Gott für seine Wohltaten
zu danken,
als man gebraucht hat,
ihn darum zu bitten.*

VINZENZ VON PAUL,
FRANZÖSISCHER PRIESTER IM 17. JAHRHUNDERT

Aufhören!
Mit allem Genörgel,
dem Blick auf das,
was nicht läuft oder fehlt.
Ich brauch einen neuen Ohrwurm,
einen neuen Fokus!
Bring du mein Herz wieder zum Singen!
Hilf mir das Gute zu sehen,
das ich erlebe.
Ich will loben, das zieht nach oben!

2. MOSE 34,29–35

April

04
25

Brannte nicht unser Herz in uns,
da er mit uns redete?

LUKAS 24,32

	07	14	21	28	MONTAG
01	08	15	22	29	DIENSTAG
02	09	16	23	30	MITTWOCH
03	10	17	24		DONNERSTAG
04	11	18	25		FREITAG
05	12	19	26		SAMSTAG
06	13	20	27		SONNTAG

Dienstag

01

APRIL

Der HERR schafft Recht
den Unterdrückten,
den Hungrigen gibt er Brot.

PSALM 146,7 ZB

Gott gibt den Samen zum Säen
und das Brot zum Essen.
So wird er auch euch
den Samen geben
und eure Saat aufgehen lassen.
Euer gerechtes Handeln lässt
er Ertrag bringen.

2. KORINTHER 9,10 BB

Gott
Gerechtigkeit für alle
in unseren Herzen
uns unseren Einkaufswagen
auf unseren Bankkonten
und in unseren Kaffeetassen
Im Alltag und darüber hinaus
leih uns dein Maß

amen

SUSANNE NIEMEYER/MATTHIAS LEMME

Mein Tag

Jetzt ist die beste Zeit zum Pflanzen! Was soll dieses Jahr bei dir aufblühen?

LUKAS 21,5–11

Mittwoch 02 April

Ein Sohn soll seinen Vater ehren.
Bin ich nun Vater,
wo ist meine Ehre?,
spricht der HERR.

MALEACHI 1,6

Was einen ermüdeten Schwimmer über Wasser hält und atmen lässt, ist nicht der Blick in den Abgrund und das Hängenlassen des Kopfes, sondern das Aufblicken nach oben und das Aufrichten seines Hauptes. Oben findet er Himmel, Licht und Luft zum Atmen!

HANS-JOACHIM ECKSTEIN,
PROFESSOR DER THEOLOGIE

Gelobt sei Gott,
der Vater unseres Herrn
Jesus Christus,
der Vater der Barmherzigkeit
und Gott allen Trostes.

2. KORINTHER 1,3

Gott, wir loben dich an diesem Morgen!
Auch wenn es uns schwer fällt
beim Blick in die Welt
und wenn wir selbst im Dunkeln stehen.
Doch du bist da.
Wie eine Mutter, wie ein Vater sorgst du auch
heute für uns!
Danke!

LUKAS 21,12–19

Donnerstag

03

APRIL

Denn mein Volk
hat ein doppeltes Unrecht getan:
Mich, die Quelle, haben sie verlassen.
Dabei fließt aus mir Wasser,
das Leben schenkt.
Dafür haben sie sich
Zisternen gegraben,
die Risse haben
und kein Wasser halten.

JEREMIA 2,13 BB

Wenn es in der Atacama-Wüste (Südamerika) regnet, wachsen Tausende von Blumen.

Jesus spricht:
Wer von dem Wasser trinkt,
das ich ihm gebe,
den wird in Ewigkeit nicht dürsten,
sondern das Wasser,
das ich ihm geben werde,
das wird in ihm eine Quelle
des Wassers werden,
das in das ewige Leben quillt.

JOHANNES 4,14

Ausgebrannt und leer. Wie Stein und Staub,
sehnsüchtig nach Wasser, das mich lebendig macht.
An vielen Orten gesucht und doch durstig geblieben.
So komme ich zu dir, der Quelle des Lebens.
Gieße deine Segensströme über mir aus.
Lass Leben neu in mir sprudeln. Erfrische und erfülle du mich.

LUKAS 21,25–28

Mein Tag

Freitag 04 April

Er wird sich unser wieder erbarmen
und alle unsere Sünden
in die Tiefen des Meeres werfen.

MICHA 7,19

Wenn wir Gott unsere Schuld bringen,
dann nimmt er sie und versenkt sie im Meer,
da wo es am tiefsten ist.
Und am Ufer stellt er ein Schild auf,
darauf steht: Angeln verboten!

CORRIE TEN BOOM

Wenn wir unsere Schuld eingestehen,
ist Gott treu und gerecht:
Er vergibt uns die Schuld
und reinigt uns von allem Unrecht,
das wir begangen haben.

1. JOHANNES 1,9 BB

Habe mich lange nicht mehr gemeldet.
Habe mich lange nicht getraut.
Habe Angst, zu dir zu kommen.
Habe zu viel Last, von der ich denke, sie hält mich von dir ab.
Habe ein hartes Herz bekommen.
Habe nach dir geschrien.
Du aber musst mein Herz erweichen,
denn ich kann es nicht.
Du liebst mich.
Ich weiß.

BEJAY

LUKAS 21,34–36

Samstag 05 APRIL

Der HERR macht arm
und macht reich;
er erniedrigt und erhöht.
1. SAMUEL 2,7

Ich sage jedem Einzelnen von euch:
Überschätzt euch nicht
und traut euch nicht mehr zu,
als angemessen ist.
Strebt lieber nach
nüchterner Selbsteinschätzung.
Und zwar jeder so,
wie Gott es für ihn bestimmt hat –
und wie es dem Maßstab
des Glaubens entspricht.
RÖMER 12,3 BB

Schreibe auf,
was du gut kannst!
Frage auch andere,
wo sie
deine Stärken sehen.

Wieso bin ich so, wie ich bin? Wieso nicht anders?
Wieso diese Macken? Ich wäre manchmal viel lieber …
Du hast mich geschaffen, hilf mir meine Stärken zu entdecken.
Mich anzunehmen,
wie ich bin.
Und zeig mir, was du mit mir vorhast.

LUKAS 22,1–6

Mein Tag

Sonntag

06

APRIL

Die im Elend ohne Obdach sind,
führe ins Haus!

JESAJA 58,7

Der König wird den Gerechten
zur Antwort geben:
Amen, ich sage euch:
Was ihr einem
dieser meiner geringsten Brüder
getan habt,
das habt ihr mir getan.

MATTHÄUS 25,40 ZB

jesus,
würde ich dich erkennen,
wenn ich dir begegne:
im obdachlosen auf der straße,
im komapatienten auf der intensivstation,
in der einsamen frau im altersheim,
im flüchtling aus eritrea,
in der schwangeren mitschülerin
mitten unter uns?

F. REINTGEN/K. VELLGUTH

LUKAS 22,7–23

Montag 07 April

Der HERR schafft Gerechtigkeit
und Recht allen,
die Unrecht leiden.

PSALM 103,6

Wer also weiß,
wie er Gutes tun kann
und es nicht tut,
der macht sich schuldig.

JAKOBUS 4,17 BB

Mein Tag

Gott segne uns mit Unbehagen
über allzu leichte Antworten, Halbwahrheiten
und oberflächliche Beziehungen
– auf dass wir aus der Fülle unserer Herzen leben!

Gott segne uns mit Zorn
über Ungerechtigkeit, Unterdrückung
und Ausbeutung
– auf dass wir uns einsetzen für Gerechtigkeit, Freiheit und Frieden!

Gott segne uns mit Tränen
um die, welche Schmerzen erleiden, Zurückweisung, Hunger und Krieg,
– auf dass wir unsere Hände ausstrecken, sie zu trösten und ihren Schmerz in Freude verwandeln!

Und Gott segne uns mit jener Torheit,
die daran festhält, dass eine andere Welt möglich ist
– auf dass wir die Kraft finden zu tun, was andere für unmöglich halten.

Amen

MUNIB YOUNAN, PALÄSTINENSISCHER PROTESTANTISCHER BISCHOF VON JERUSALEM

LUKAS 22,24–30

Dienstag

08

APRIL

Der HERR, euer Gott,
ist gnädig und barmherzig
und wird sein Angesicht
nicht von euch wenden,
wenn ihr euch zu ihm bekehrt.

2. CHRONIK 30,9

Jesus sprach zu Simon:
Ich habe für dich gebetet,
dass dein Glaube nicht aufhört.
Wenn du dann wieder zu mir
zurückgekehrt bist,
sollst du deine Brüder
und Schwestern stärken.

LUKAS 22,32 BB

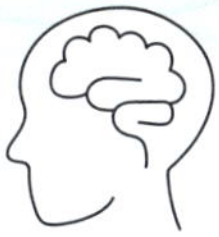

Wie können wir einander helfen zu glauben?

Sharing is caring – das gilt auch für den Glauben.
Deshalb bitte ich dich, Gott, um Menschen,
die meine Zweifel verstehen und mir helfen,
trotzdem an dir festzuhalten.
Und ich wünsche mir,
dass ich selbst auch so ein Mensch für andere bin.
Bitte lass uns wieder zu dir finden,
wenn wir unseren Glauben teilen.

LUKAS 22,31–34

Mittwoch

09

APRIL

Mein Tag

Die auf den HERRN sehen,
werden strahlen vor Freude,
und ihr Angesicht
soll nicht schamrot werden.
PSALM 34,6

Jesus spricht:
Ein Beispiel habe ich euch gegeben,
damit ihr tut,
wie ich euch getan habe.
JOHANNES 13,15

Jesus, ich schau auf dich.
Redend, wo andere schweigen.
Schweigend, wo andere schrien.
Mitfühlend, wo andere weitereilten.
Barmherzig, wo andere verurteilten.
Ich will von dir lernen!

LUKAS 22,35–38

Mein Tag

Donnerstag

10

APRIL

In deiner Hand, Herr,
steht es, jedermann groß
und stark zu machen.

1. CHRONIK 29,12

Beugt euch also
unter die starke Hand Gottes;
dann wird er euch erhöhen,
wenn die Zeit dafür gekommen ist.

1. PETRUS 5,6 NGÜ

*Wir sind geboren,
um die Größe Gottes,
der in uns lebt,
zu verwirklichen.*

NELSON MANDELA, SÜDAFRIKANISCHER POLITIKER UND FREIHEITSKÄMPFER

Meine Zeit steht in deinen Händen.
Nun kann ich ruhig sein, ruhig sein in dir.
Du gibst Geborgenheit, du kannst alles wenden.
Gib mir ein festes Herz, mach es fest in dir.

PETER STRAUCH

LUKAS 22,39–46

Mein Tag

Freitag 11 April

Dein Reich ist ein ewiges Reich,
und deine Herrschaft
währet für und für.

PSALM 145,13

Der Seher Johannes schreibt:
**Jedes Geschöpf,
das im Himmel ist
und auf Erden
und unter der Erde
und auf dem Meer und alles,
was darin ist, hörte ich sagen:
Dem, der auf dem Thron sitzt,
und dem Lamm sei Lob und Ehre
und Preis und Gewalt
von Ewigkeit zu Ewigkeit!**

OFFENBARUNG 5,13

die letzte offenbarung

im tod
kein absturz
sondern aufgefangen

o ewig schöne überraschung
ich schaue gottes antlitz
im gesicht meiner geliebten

ANDREAS KNAPP

Auf den großen Bühnen dieser Welt
und in unserem kleinen Leben:
Dein Reich komme.

LUKAS 22,47–53

Mein Tag

Samstag

12

APRIL

Josua fiel auf sein Angesicht
zur Erde nieder,
betete an und sprach:
Was sagt mein Herr seinem Knecht?

JOSUA 5,14

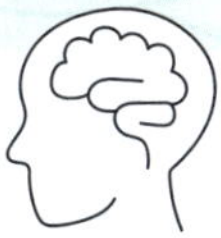

Wofür willst du aufstehen und einstehen?

Saul sprach:
Herr, wer bist du? Der Herr sprach:
Ich bin Jesus, den du verfolgst;
steh nun auf
und stell dich auf deine Füße.
Denn dazu bin ich dir erschienen,
um dich zu erwählen zum Diener
und zum Zeugen für das,
was du gesehen hast
und wie ich dir erscheinen will.

APOSTELGESCHICHTE 26,15–16

Einmal.
Einmal nur möchte ich ganz vertrauen.
Einmal.
Einmal nur möchte ich es wagen.
Einmal.
Einmal nur auf dein Wort hin handeln.
Einmal.
Einmal nur »Hier bin ich« sagen.
Auf dass es einmal für immer ist.

LAURA MEEMANN

LUKAS 22,54–62

Sonntag 13 April

PALMSONNTAG

Betrügt einander nicht!
Habt Ehrfurcht vor mir,
denn ich bin der Herr,
euer Gott!
3. MOSE 25,17 HFA

Seid so unter euch gesinnt,
wie es der Gemeinschaft
in Christus Jesus entspricht.
PHILIPPER 2,5

»was hätte jesus getan?«
eine lohnende frage
aber auch eine frage
die unangenehm ist

sie
lockt mich aus der reserve
holt mich aus der zuschauerrolle heraus
zwingt mich zur entscheidung
fordert mich auf zur tat

wahrlich eine unbequeme frage
aber auch eine frage
auf die sich die antwort lohnt

BRUNO GRIEMENS

LUKAS 22,63–71

Mein Tag

Montag 14 April

Die Erde ist voll der Güte
des Herrn.

PSALM 33,5

Gott hat sich selbst
nicht unbezeugt gelassen,
hat viel Gutes getan
und euch vom Himmel Regen
und fruchtbare Zeiten gegeben,
hat euch ernährt
und eure Herzen mit Freude erfüllt.

APOSTELGESCHICHTE 14,17

Das hat mir heute gut getan:

1. Leckeres Essen im Kühlschrank
2. Über einen guten Witz gelacht
3. Sonnenstrahlen haben mein Gesicht gewärmt
4. Frühlingsgefühle
5. Eine nette Nachricht bekommen

Meine Top five:

Was sind wir doch,
was haben wir
auf dieser ganzen Erd,
das uns, o Vater, nicht von dir
allein gegeben werd?

PAUL GERHARDT

LUKAS 23,1–12

Dienstag

15

APRIL

Mein Tag

Was können die Weisen
Weises lehren,
wenn sie des HERRN
Wort verwerfen?
JEREMIA 8,9

Wo sind jetzt die Weisen,
wo die Schriftgelehrten,
wo die wortgewaltigen Redner
unserer Zeit?
Hat nicht Gott die Weisheit
dieser Welt als Dummheit entlarvt?
1. KORINTHER 1,20 BB

Es gibt viele Spuren des Schöpfers
in der Schöpfung
und manche Hinweise und Ahnungen
von der Existenz Gottes in unserem Leben.
Aber klarer und unangefochtener
als in der Natur oder der Geschichte
– oder auch im eigenen Erleben
und Empfinden –
lässt sich Gott in seinem Sohn,
Jesus Christus,
erkennen und erfahren.
Er ist das eindeutige und letztgültige
Wort Gottes an uns Menschen.
HANS-JOACHIM ECKSTEIN

Du, das Wort,
sprich dein Wort in mich,
jeden Tag,
und schenk mir Worte,
um das Empfangen weiterzugeben.

LUKAS 23,13–25

Mein Tag

Mittwoch

16

APRIL

Ein Mensch ist
in seinem Leben wie Gras,
er blüht wie eine Blume auf dem Felde;
wenn der Wind darüber geht,
so ist sie nimmer da.
Die Gnade aber des HERRN währt
von Ewigkeit zu Ewigkeit.

PSALM 103,15 – 16.17

Denn was jetzt vergänglich ist,
muss mit Unvergänglichkeit
bekleidet werden,
und was jetzt sterblich ist,
muss mit Unsterblichkeit
bekleidet werden.

1. KORINTHER 15,53 ZB

Wenn man begriffen hat,
dass das Leben davoneilt,
sollte man ihm nicht hinterherrennen,
sondern achtsam werden.
Das tun, was man liebt
und wofür man brennt.
Allzu bald ist es zu spät.

THOMAS SJÖDIN,
SCHWEDISCHER PASTOR UND SCHRIFTSTELLER

Ich stehe am Grab und weine
über das, was fehlt
über das, was zerbrochen ist
ich bleibe allein zurück
mit Erinnerungen an viele schöne, kostbare Momente
hoffend und ahnend,
dass du, der Gott, der Zeit und Ewigkeit verbindet,
mir damit einen Vorgeschmack geschenkt hast auf das,
was noch kommen wird.

LUKAS 23,26–32

Donnerstag

17

APRIL

Dennoch bleibe ich stets an dir;
denn du hältst mich
bei meiner rechten Hand.

PSALM 73,23

Jesus betete:
**Vater, willst du,
so nimm diesen Kelch von mir;
doch nicht mein,
sondern dein Wille geschehe!
Es erschien ihm aber ein Engel
vom Himmel und stärkte ihn.**

LUKAS 22,42–43

Seht hin, er ist allein im Garten.
Er fürchtet sich in dieser Nacht,
weil Qual und Sterben auf ihn warten
und keiner seiner Freunde wacht. Du
hast die Angst auf dich genommen,
du hast erlebt, wie schwer das ist.
Wenn über uns die Ängste kommen,
dann sei uns nah, Herr Jesus Christ.

FRIEDRICH WALZ

In der Küche meiner Tante hängt ein kleines Schild aus Ton. Unscheinbar, direkt neben der Tür. Ich bin wohl schon oft daran vorbeigelaufen, bis ich es wahrgenommen habe. Darauf steht ein einziges Wort, in Großbuchstaben: DENNOCH. Meine Tante ist chronisch krank. Sie kann nur noch wenig tun von dem, was ihr Leben früher ausgefüllt hat. Dennoch – dieses Wort erinnert sie immer wieder an Psalm 73. Trotz allem festhalten, an dem, der hält. Dennoch – dieses Wort lässt auch mich seitdem nicht mehr los. Und mittlerweile hängt auch bei mir ein kleiner Zettel, der mir schon manchmal in schwierigen Situationen ein bisschen Trotzkraft zum Beten gegeben hat.

LUKAS 23,33–43

Mein Tag

Freitag 18

APRIL

KARFREITAG

Er heißt Wunder-Rat, Gott-Held,
Ewig-Vater, Friede-Fürst.

JESAJA 9,5

In Christus war Gott selbst am Werk,
um die Welt mit sich zu versöhnen.
Er hat den Menschen
ihre Verfehlungen nicht angerechnet.
Und uns hat er sein Wort anvertraut,
das Versöhnung schenkt.

2. KORINTHER 5,19 BB

Königlich und doch entwürdigt. Herr, allmächtig, so zerbrechlich.
So heilig und doch so versöhnlich. Dort am Kreuz.
Göttlichkeit, für uns so menschlich. Ewigkeit, für uns so sterblich.
Gerechtigkeit, für uns so gnädig. Dort am Kreuz.
Wundenheiler, so verletzlich. Sündenfrei, doch schwer beschuldigt.
Als Hoffnungsgeber so beständig, selbst am Kreuz.

S.SAMBA/M. KOHL/E. SCHECK

LUKAS 23,44–49

Samstag

19

APRIL

Der HERR hat mich gesandt,
um das Jahr auszurufen,
in dem der HERR sich
seinem Volk gnädig zuwendet,
um den Tag anzusagen,
an dem unser Gott
mit unseren Feinden abrechnen wird.

JESAJA 61,1.2 GN

Jesus sagte zu dem Verbrecher:
Amen, ich sage dir:
Heute noch wirst du mit mir
im Paradies sein.

LUKAS 23,43 ZB

Kyrie eleison
Gnade überwältigt mich
Kyrie, mein Gott, ich preise dich
Verloren, jetzt gefunden
Verurteilt, jetzt befreit
Versteckt und jetzt gesehen
Verletzt und jetzt geheilt

J. BUCH/D. HOGGER/J. SCHMIDT

Zeitenwende

Am Morgen ist der Sturm vorüber
Schwere Gedanken und dunkle Träume
ziehen wolkengleich davon
Licht wartet hinter den Dächergipfeln
Glanz, der verheißt:
Es ist für euch eine Zeit angekommen
die bringt euch eine große Gnad'
Ihr dürft darauf vertrauen

HANNA BUITING, MENSCHEN- UND WORTLIEBHABERIN

LUKAS 23,50–56

Mein Tag

Sonntag

20

APRIL

OSTERFEST

Als Hiskia den Brief gelesen hatte,
ging er hinauf zum Hause
des HERRN und breitete ihn aus
vor dem HERRN.

2. KÖNIGE 19,14

Ostermorgen
– da ist einer, der hat sogar den Stein
vom Grab weggewälzt!
Hol dir seine Hilfe bei dem,
was dich bedrückt und quält!

Jesus nahm mit sich Petrus,
Johannes und Jakobus
und ging auf einen Berg,
um zu beten.

LUKAS 9,28

Welch ein Freund ist unser Jesus, o wie hoch ist Er erhöht!
Er hat uns mit Gott versöhnet und vertritt uns im Gebet.
Wer mag sagen und ermessen, wie viel Segen uns entgeht,
wenn wir nicht zu Ihm uns wenden und Ihn suchen im Gebet!

J.M. SCRIVEN/E.H. GEBHARDT

LUKAS 24,1–12

Mein Tag

Montag 21

APRIL

OSTERMONTAG

Wenn ihr euch von ganzem Herzen
zu dem HERRN bekehren wollt,
so tut von euch die fremden Götter.

1. SAMUEL 7,3

Für uns gilt:
Nur einer ist Gott – der Vater.
Alles hat in ihm seinen Ursprung,
und er ist das Ziel unseres Lebens.
Und nur einer ist der Herr:
Jesus Christus.
Alles ist durch ihn entstanden,
und durch ihn haben wir das Leben.

1. KORINTHER 8,6 BB

Bekehren heißt immer befreien.

ANTOINE DE SAINT-EXUPÉRY,
FRANZÖSISCHER SCHRIFTSTELLER UND PILOT

Christus ist auferstanden von den Toten.
Er hat den Tod durch den Tod überwunden
und denen, die im Grabe sind,
das Leben geschenkt.

Christus
ist auferstanden!
Er ist wahrhaftig auferstanden!
Halleluja!

AUS DEM ORTHODOXEN OSTERGOTTESDIENST

LUKAS 24,13–27

Mein Tag

Dienstag
22
APRIL

Wir gingen alle
in die Irre wie Schafe,
ein jeder sah auf seinen Weg.
Aber der HERR warf
unser aller Sünde auf ihn.
JESAJA 53,6

Christus hat unsere Sünden
auf sich genommen
und sie am eigenen Leib
zum Kreuz hinaufgetragen.
Das bedeutet,
dass wir für die Sünde tot sind
und jetzt leben können,
wie es Gott gefällt.
1. PETRUS 2,24 HFA

Kreuz
die Füße auf der Erde
den Kopf im Himmel
die Arme weit offen
erstaunlich
was das trägt
SUSANNE NIEMEYER

LUKAS 24,28–35

Mittwoch

23

APRIL

Mein Tag

Ich bin der allmächtige Gott;
wandle vor mir und sei fromm.

1. MOSE 17,1

Jesus spricht zu Thomas:
Reiche deinen Finger her
und sieh meine Hände,
und reiche deine Hand her
und lege sie in meine Seite,
und sei nicht ungläubig,
sondern gläubig!

JOHANNES 20,27

Ich werd deine Wege
niemals ganz verstehn,
ich kann dich nicht greifen,
doch mein Herz kann dich sehn.

J. PEPPER/S. BODEMER/
Z. SCHNEIDER-ULRICH/S. KEIM

Good to know

Der Ausdruck »sei fromm« bezieht sich zunächst auf eine ungetrübte Beziehung des Menschen zu Gott. Im Weiteren werden damit auch verlässliche, gute Beziehungen zu Mitmenschen und eine untadelige Lebensführung beschrieben.
In anderen Bibelausgaben wird der Ausdruck daher wie folgt übersetzt:
Du sollst vorbildlich und in enger Beziehung zu mir leben (BasisBibel).
Geh deinen Weg mit mir und lebe so, wie es in meinen Augen recht ist (Hoffnung für alle).
Führe dein Leben in enger Verbindung mit mir und halte dich ganz an mich (Gute Nachricht).

LUKAS 24,36–43

Mein Tag

Donnerstag 24 APRIL

Mein Herz freut sich,
dass du so gerne hilfst.

PSALM 13,6

Sie wunderten sich
über die Maßen und sprachen:
Er hat alles wohl gemacht;
die Tauben macht er hören
und die Sprachlosen reden.

MARKUS 7,37

Wichtige Nachrichten!

Die guten Erlebnisse des Lebens sind es, die uns Halt geben in Zeiten der Not. Wir sollten sie daher mehr zelebrieren. Studierenden bringe ich etwa bei: Wenn Sie dem Patienten eine gute Nachricht überbringen, etwa, dass sich ein Tumor komplett zurückgebildet hat, dann sagen Sie nicht einfach nur: »Es ist alles in Ordnung!« Vielmehr geht es darum, die gute Nachricht sichtbar zu machen, etwa so: »Ich habe Sie untersucht, und es gibt erfreulicherweise keine Anzeichen mehr dafür, dass Sie Krebs haben. Ich freue mich mit Ihnen. Sie sind ein unheimlich starker Mensch und haben die belastende Krebstherapie trotz aller Einbußen überstanden, Glückwunsch!«

JALID SEHOULI, DIREKTOR DER KLINIK
FÜR GYNÄKOLOGIE AN DER BERLINER CHARITÉ

Die Welt darf es hören:
Du hast mir geholfen!
Gott sei Dank!

LUKAS 24,44–53

Freitag 25 APRIL

Mein Tag

Die Israeliten sprachen zu Samuel:
Lass nicht ab,
für uns zu schreien
zu dem HERRN, unserm Gott,
dass er uns helfe.

1. SAMUEL 7,8

Paulus schreibt aus dem Gefängnis:
Ich weiß: Alles,
was ich jetzt durchmache,
wird zuletzt zu meiner Rettung führen.
Darin unterstützen mich eure Gebete
und der Geist,
durch den Jesus Christus
mir beisteht.

PHILIPPER 1,19 BB

Manchmal stelle ich Menschen im Gespräch die Frage: »Womit hast du zu kämpfen?« Das ist eine wichtigere Frage als »Was machen Sie beruflich?« Wenn wir uns nur über unsere Siege unterhalten, kommt selten eine wirkliche Begegnung zustande, aber wenn beide Seiten auszusprechen wagen, dass sie im Leben ganz schön zu kämpfen haben, ist es manchmal, als hebe man ein schweres Joch ab.

THOMAS SJÖDIN,
SCHWEDISCHER PASTOR UND SCHRIFTSTELLER

Einander eingestehen, dass nicht alles nach Plan läuft.
Dass man nicht alles im Griff hat. Dass man Unterstützung braucht.
Das kostet Mut. Herr, lass uns ehrlich werden voreinander.
Sagen, wenn wir Hilfe und Gebet brauchen.
Und sie dann auch annehmen.

Amen.

4. MOSE 13,1–3.17–24

Mein Tag

Samstag 26 April

Wer Geld liebt,
wird vom Geld niemals satt,
und wer Reichtum liebt,
wird keinen Nutzen davon haben.

PREDIGER 5,9

Wir haben nichts in die Welt gebracht;
darum können wir auch
nichts hinausbringen.
Wenn wir aber Nahrung
und Kleider haben,
so wollen wir uns damit begnügen.

1. TIMOTHEUS 6,7–8

Oh Gott,
so oft schaue ich unzufrieden auf mein Gehalt,
meinen Kleiderschrank, das alte Handy,
den teuren Urlaub meiner Freundin.
Irgendwie ist es nie genug und ich hätte gerne noch mehr.
Aber was macht mein Leben denn wirklich reich?
Was ist wesentlich? Zeig es mir!
Ich möchte lernen, zufrieden zu sein mit dem, was ich habe!

4. MOSE 13,25–33

Sonntag 27 April

Das ist mir lieb,
dass der HERR meine Stimme
und mein Flehen hört.
PSALM 116,1

Jesus erzählt im Gleichnis:
**Der Schuldner warf sich vor
ihm nieder und bat:
Hab doch Geduld mit mir!
Ich will dir ja alles zurückzahlen.
Da bekam der Herr Mitleid;
er gab ihn frei
und erließ ihm auch noch
die ganze Schuld.**
MATTHÄUS 18,26–27

Wie die Mutter sich freut,
wenn sie das erste Lächeln
ihres Kindes bemerkt,
so freut sich Gott jedes Mal,
wenn er vom Himmel sieht,
dass ein Sünder sich vor
ihm aus vollem Herzen
zum Gebet beugt.
FJODOR MICHAILOWITSCH DOSTOJEWSKI,
RUSSISCHER SCHRIFTSTELLER
IM 19. JAHRHUNDERT

Jesus, er hat mich gebeten, ihm den Fehler zu verzeihen.
Es hat so weh getan und jetzt soll ich ihm einfach vergeben?! So wie du?
Das fällt mir schwer. Jesus, hilf du mir! Ich kann zwar nicht vergessen,
was passiert ist, aber ich will das alles nicht mehr mit mir rumschleppen.
Gib mir Kraft, loszulassen, was war, und ihm den Fehler nicht weiter vorhalten.

Amen.

4. MOSE 14,1–10

Montag 28 APRIL

Eile, mir beizustehen,
Herr, meine Hilfe!
PSALM 38,23

Jesus fragte den Blinden:
Was soll ich für dich tun?
Er sagte: Herr, mach,
dass ich wieder sehen kann!
Und Jesus sagte zu ihm:
Du sollst wieder sehen!
Dein Glaube hat dich gerettet.
Und auf der Stelle sah er wieder,
und er folgte ihm und pries Gott.
LUKAS 18,40–43 ZB

Komm auch zu mir! Ich rufe schon so lange.
Wenn du auch für mich irgendetwas tun kannst,
dann bitte, bitte

______________________________________ !

4. MOSE 14,11–19

Dienstag
29
APRIL

Wer seinen Nächsten verachtet,
versündigt sich;
aber wohl dem,
der sich der Elenden erbarmt!

SPRÜCHE 14,21

Wenn ihr alles getan habt,
was Gott euch befohlen hat,
dann sagt: Wir sind Diener,
weiter nichts; wir haben nur getan,
was uns aufgetragen war.

LUKAS 17,10 GN

Mach dein Herz weit! Wie viele Menschen passen rein?

du gott des lebens,
mach uns widerspenstig.
lass uns sand im Getriebe sein, wo menschen klein und unfrei gehalten werden.
lass uns widerstehen,
wo menschen einander ausgrenzen aufgrund ihrer hautfarbe,
ihrer nationalität, ihres glaubens.
lass uns mit zorn und zärtlichkeit
an der seite derer stehen, die keinen platz finden in der gesellschaft.
lass dein reich wachsen
unter uns, in unserer welt, in unserem viertel, in unserem alltag.

F. REINTGEN/K. VELLGUTH

4. MOSE 14,20–25

Mein Tag

Mittwoch

30

APRIL

Dein, HERR, ist die Größe
und die Macht
und die Herrlichkeit
und der Ruhm und die Hoheit.
Denn alles im Himmel
und auf Erden ist dein.

1. CHRONIK 29,11 ZB

Gott hat uns wissen lassen
das Geheimnis seines Willens
nach seinem Ratschluss,
den er zuvor in Christus gefasst hatte,
um die Fülle der Zeiten
heraufzuführen,
auf dass alles zusammengefasst
würde in Christus,
was im Himmel und auf Erden ist,
durch ihn.

EPHESER 1,9–10

5☆

Das weckt in mir eine Ahnung von Gottes Größe:

1. Weltall
2. Riesige Kathedrale
3. Schneeflocken
4. Die Weiten des Meeres
5. Moleküle unter dem Mikroskop

Meine Top five:

____

____

____

____

____

O Gott, dessen Schönheit unsere Vorstellungskraft übersteigt
und dessen Macht wir nicht begreifen können, zeige uns deine Herrlichkeit,
soweit wir sie erfassen können, und bewahre uns davor,
mehr wissen zu wollen, als wir ertragen,
bis wir dich ohne Furcht schauen können durch Jesus Christus.

JANET MORLEY

4. MOSE 20,1–13

05
25

Mai

Zu dir rufe ich, Herr; denn Feuer hat das Gras der Steppe gefressen, die Flammen haben alle Bäume auf dem Feld verbrannt. Auch die Tiere auf dem Feld schreien lechzend zu dir; denn die Bäche sind vertrocknet.

JOEL 1,19–20

MONTAG		05	12	19	26
DIENSTAG		06	13	20	27
MITTWOCH		07	14	21	28
DONNERSTAG	01	08	15	22	29
FREITAG	02	09	16	23	30
SAMSTAG	03	10	17	24	31
SONNTAG	04	11	18	25	

Mein Tag

Donnerstag

01

MAI

All sein Tun ist Wahrheit,
und seine Wege sind recht,
und wer stolz einherschreitet,
den kann er demütigen.

DANIEL 4,34

Der Glaube ist keine Zumutung für unseren Verstand, sondern für unseren Stolz.

WERNER STEINBERG,
SCHRIFTSTELLER IM 20. JAHRHUNDERT

Der Hauptmann aber,
der dabeistand, Jesus gegenüber,
und sah, dass er so verschied,
sprach: Wahrlich, dieser Mensch
ist Gottes Sohn gewesen!

MARKUS 15,39

Oh Liebe, was hast du mit uns gemacht?
Damals am Kreuz hast du uns alle überrascht
Du wurdest geschunden
Hast nie an Rache gedacht
Du hast das gute Werk der Liebe vollbracht

J. BUCH/D.HOGGER/J. SCHMIDT

4. MOSE 20,22–29

Freitag

02

MAI

Ich will dich nicht verlassen
noch von dir weichen.

JOSUA 1,5

Siehe,
da tat sich Jesus der Himmel auf,
und er sah den Geist Gottes
wie eine Taube herabfahren
und über sich kommen.

MATTHÄUS 3,16

Gott,
ich habe Wasser gekocht -
deine Liebe kann kalte Herzen entzünden.
Ich habe Tee aufgegossen -
nichts, was du berührst, bleibt unverändert.
Tee zieht mit der Zeit -
schenk mir Geduld und Zeit für Ruhe.
Sei jetzt bei mir.
Durchwirke mich mit deinem Geist,
wie Teeblätter heißes Wasser durchwirken.
Inspirier mich mit Gedanken, die mich nicht unverändert
zurücklassen.

Amen.

STEVE KENNEDY HENKEL

4. MOSE 21,4–9

Mein Tag

Samstag

03
MAI

HERR, neige mein Herz
zu deinen Zeugnissen
und nicht zur Habsucht.
PSALM 119,36

Ein Gramm
gutes Beispiel
gilt mehr
als ein Zentner Worte.

FRANZ VON SALES, KIRCHENLEHRER
IM 16./17. JAHRHUNDERT

Sei du selber ihnen ein Vorbild darin,
Gutes zu tun. Wenn du lehrst,
tu es aufrichtig und glaubwürdig;
deine Worte sollen
mit der gesunden Lehre
übereinstimmen
und unanfechtbar sein.
Dann werden unsere Gegner
beschämt dastehen,
weil sie uns nichts Schlechtes
nachsagen können.
TITUS 2,7–8 NGÜ

Füll mich bis zum Rand mit deiner Liebe,
bis sie überfließt und andere berührt.
Füll mich bis zum Rand mit deinen Worten,
bis sie aus mir heraussprudeln und andere stärken.
Füll mich bis zum Rand mit deiner Gegenwart,
bis mein Leben dich bezeugt und andere bewegt.

4. MOSE 22,1–8

Sonntag 04 MAI

Mein Tag

Der Herr ist meine Stärke
und mein Lobgesang
und ist mein Heil.
2. MOSE 15,2

Maria sprach:
Er streckt seinen starken Arm
aus und fegt die Hochmütigen
mit ihren stolzen Plänen hinweg.
LUKAS 1,51 HFA

Ich scrolle durch die neusten Nachrichten,
überflutet von schrecklichen Bildern
und Zukunftsprognosen
fühle ich mich machtlos und ausgeliefert.
Ich sehne mich danach,
dass du deinen Arm erhebst,
einen Strich durch die Rechnung machst,
böse Pläne durchkreuzt,
Unterdrückung und Gewalt ein Ende setzt,
Gerechtigkeit herstellst
und zeigst, was du kannst!

Die Hoffnung bleibt,
dass »die da oben« bald begreifen,
dass ihnen diese Erde nicht gehört.
Die Hoffnung bleibt,
dass die Wirtschaft mal kapiert,
dass sie nicht wachsen kann, wenn sie die
Welt zerstört.
Auch wenn die Welt verrückt spielt:
Glaubt weiter fest daran,
dass vieles sich zum Guten wenden kann!
WISE GUYS

4. MOSE 22,9–20

Mein Tag

Montag

05

MAI

Der HERR verstößt nicht ewig;
sondern er betrübt wohl
und erbarmt sich wieder nach
seiner großen Güte.

KLAGELIEDER 3,31–32

Zacharias forderte eine kleine Tafel
und schrieb: Er heißt Johannes.
Und sie wunderten sich alle.
Und sogleich wurde sein Mund
und seine Zunge aufgetan,
und er redete und lobte Gott.

LUKAS 1,63–64

Manchmal steh ich im Scherbenhaufen
und ich würd ja gerne glauben
dass das für irgendwas gut ist
Aber oft genug bleibt der Sinn verborgen
wenn es überhaupt einen gibt
Was es zweifellos gibt:
einen neuen Morgen
einen neuen Weg
weil ja
selbst wenn in mir alles steht
sich die Welt noch weiter dreht

JELENA HERDER, THEOLOGIN & KÜNSTLERIN

Juhuu!
Plötzlich spür ich sie wieder – deine Nähe!
Die Freude am Leben!
Danke!

4. MOSE 22,21–30

Dienstag

06

MAI

Mein Tag

So hört nun, ihr,
die ihr ferne seid,
was ich getan habe,
und die ihr nahe seid,
erkennt meine Stärke!
JESAJA 33,13

Jesus spricht zu Marta:
Habe ich dir nicht gesagt:
Wenn du glaubst,
wirst du die Herrlichkeit
Gottes sehen?
JOHANNES 11,40

Nimm dir Zeit zurückzuschauen – wo kannst du Gottes Fingerabdruck in deinem Leben erkennen?

Ja, Herr, unser Glaube ist klein,
unser Glaube ist schwach,
zerbrechlich,
doch wir bieten ihn dir so dar,
wie er ist,
damit du ihn wachsen lassen mögest.
PAPST FRANZISKUS

4. MOSE 22,31–40

Mein Tag

Mittwoch

07
MAI

Der HERR antwortete Hiob:
Wo warst du,
als ich die Erde gründete
und zum Meer sprach:
»Bis hierher sollst du kommen
und nicht weiter;
hier sollen sich legen
deine stolzen Wellen!«?
HIOB 38,4.11

Jesus stand auf
und bedrohte den Wind
und das Meer;
und es ward eine große Stille.
Die Menschen aber verwunderten sich
und sprachen:
Was ist das für ein Mann,
dass ihm Wind
und Meer gehorsam sind?
MATTHÄUS 8,26–27

Wenn dichte Wolken den Himmel bedecken
und heftiger Sturm ausbricht,
so sehen unsere Augen nur traurige Finsternis,
unsere Ohren betäubt der Donner
und alle unsere Sinne erstarren vor Schrecken;
deshalb scheint uns alles zusammenzubrechen
und durcheinander zu geraten –
aber unterdessen bleibt im Himmel stets
die gleiche Ruhe und Heiterkeit.
JOHANNES CALVIN,
REFORMATOR IM 16. JAHRHUNDERT

SOS!
Wenn einer helfen kann, dann du.
Sprich dein mächtiges Wort in meinen
Sturm!

4. MOSE 22,41–23,6

Donnerstag

08

MAI

Mein Tag

Gott verkündigte euch seinen Bund,
den er euch gebot zu halten,
nämlich die Zehn Worte,
und schrieb sie auf
zwei steinerne Tafeln.

5. MOSE 4,13

Jesus sprach:
Ihr sollt nicht meinen,
dass ich gekommen bin,
das Gesetz oder
die Propheten aufzulösen;
ich bin nicht gekommen aufzulösen,
sondern zu erfüllen.

MATTHÄUS 5,17

Die Zehn Gebote sind Wegweiser
zur Freiheit: Sie zeigen,
wie wir als Geschöpfe Gottes in Freiheit,
Frieden und Fülle miteinander leben können.
Am Anfang der Zehn Gebote heißt es nicht:
Du sollst oder Du sollst nicht.
Die erste Aussage ist ein Versprechen:
Ich bin der Herr, dein Gott.

YOUBE, EVANGELISCHER JUGENDKATECHISMUS

Danke, dass du uns gute Wegweiser fürs Leben gibst.
Danke Jesus, dass du selbst der größte Wegweiser bist.
Hilf uns, zu folgen.

Amen.

4. MOSE 23,7–12

Mein Tag

Freitag 09 MAI

Dein Volk spricht:
»Der HERR handelt nicht recht«,
während doch sie nicht
recht handeln.
HESEKIEL 33,17

Geht es bei Gott
etwa ungerecht zu?
Gewiss nicht!
RÖMER 9,14 ZB

Wir zeigen von uns weg, anstatt eigene Fehler anzuschauen.
Wir schieben dir die Schuld zu,
anstatt Verantwortung für unsere Entscheidungen zu übernehmen.
Wir fragen, warum du tatenlos zuschaust, anstatt selber tätig zu werden.
Hilf uns einzugestehen, dass manches Leid selbst verschuldet ist
und nur wir selbst etwas daran ändern können.

4. MOSE 23,13–20.25–26

Samstag
10
MAI

Mein Tag

Bin ich nur ein Gott,
der nahe ist, spricht der HERR,
und nicht auch ein Gott,
der ferne ist?
JEREMIA 23,23

Zu der neunten Stunde
rief Jesus laut:
Eli, Eli, lama asabtani?
Das heißt übersetzt: Mein Gott,
mein Gott, warum hast du
mich verlassen?
MARKUS 15,34

Warum diese Schwere in mir?
Warum die Nacht um mich?
Warum gerade ich?
Der Hunger der Welt – warum?
Die Elendsquartiere – warum?
Das missbrauchte Kind – warum?
Warum der Krebs? Warum der Tod?
Warum die Angst?
Wo bist Du, Gott
bei so viel Hunger?
Was tust Du, Gott, bei so viel Elend?
Wen brauchst Du, Gott, für so viel Not?
Wie hilfst Du, Gott, bei so viel Tod?
Warum schweigst Du, Gott,
bei so viel Schreien?
ANTON ROTZETTER

Christus ist nicht gekommen,
das Leid zu beseitigen, er ist nicht gekommen,
es zu erklären, sondern er ist gekommen,
es mit seiner Gegenwart zu erfüllen.
PAUL CLAUDEL, FRANZÖSISCHER SCHRIFTSTELLER

4. MOSE 23,27–24,9

Mein Tag

Sonntag

11

MAI

Du sollst nicht stehlen.

2. MOSE 20,15

Wer stiehlt, stehle nicht mehr,
sondern arbeite und tue
etwas Rechtes mit seinen Händen,
damit er etwas hat,
das er dem Notleidenden geben kann.

EPHESER 4,28

Berechne deinen aktuellen Fußabdruck auf dieser Welt!

www.fussabdruck.de

Danke für alles, was ich besitze.
Danke für alle Ressourcen, die ich nutzen darf.
Hilf mir, auch anderen zu gönnen,
was ich selbst gerne habe.
Hilf mir, dass ich nicht zuerst danach strebe,
noch mehr anzuhäufen, sondern abzugeben,
damit alle etwas haben.
Zeig mir, wie ich dazu beitragen kann,
dass es ein bisschen gerechter zugeht.

4. MOSE 24,10–17.25

Montag 12 Mai

Wenn ihr mich
von ganzem Herzen suchen werdet,
so will ich mich
von euch finden lassen,
spricht der Herr.

JEREMIA 29,13–14

Und siehe, eine Frau,
die seit zwölf Jahren
den Blutfluss hatte,
trat von hinten an ihn heran
und berührte den Saum
seines Gewandes.
Denn sie sprach bei sich selbst:
Wenn ich nur sein Gewand berühre,
so werde ich gesund.
Da wandte sich Jesus um
und sah sie und sprach:
Sei getrost, meine Tochter,
dein Glaube hat dir geholfen.
Und die Frau wurde gesund
zu derselben Stunde.

MATTHÄUS 9,20–22

Mein Tag

5☆

Was suchst du immer wieder oder auch schon seit langer Zeit?

1. Schlüssel
2. Traumprinz
3. Motivation
4. Gute Freundin
5. Gefühl von Heimat

Meine Top five:

____

____

____

____

____

Jesus Christus, wir suchen deinen Blick. Er lässt den Kummer im Herzen vergehen. Und du sagst zu uns: Sorge dich nicht, selbst unsichtbar bin ich immer bei dir.

FRÈRE ROGER, TAIZÉ

PSALM 67

Dienstag 13 MAI

Ich freue mich über dein Wort
wie einer, der große Beute macht.

PSALM 119,162

Das Himmelreich gleicht einem Schatz,
verborgen im Acker,
den ein Mensch fand und verbarg;
und in seiner Freude geht er hin
und verkauft alles, was er hat,
und kauft den Acker.

MATTHÄUS 13,44

Was ist der größte Schatz, den du je gefunden hast?

Du bringst mich zum Lachen,
machst, dass mein Herz singt.
Du bringst mich zum Tanzen,
meine Seele schwingt.
Ich atme auf in deiner Gegenwart.
Herr, du allein gibst mir

Freude, die von innen kommt,
Freude, die mir niemand nimmt.
Herr, du machst mein Leben hell
mit dem Licht deiner Liebe.

ALBERT FREY

5. MOSE 6,4–9

Mittwoch

14

MAI

Nähme ich Flügel der Morgenröte
und bliebe am äußersten Meer,
so würde auch dort deine Hand
mich führen
und deine Rechte mich halten.

PSALM 139,9–10

Paulus sprach:
Letzte Nacht stand plötzlich
ein Engel vor mir –
ein Engel des Gottes,
dem ich gehöre und dem ich diene.
Er sagte:
»Hab keine Angst, Paulus!
Du musst noch vor den Kaiser treten.
Deinetwegen schenkt Gott
auch all denen das Leben,
die mit dir auf dem Schiff sind.«

APOSTELGESCHICHTE 27,23–24 BB

Mein Tag

Gott hat uns nicht geschaffen, um uns in der Not zu verlassen.

MICHELANGELO

Bin geflohen. Vor mir.
Vor meinem Leben und den Problemen.
Und auch vor dir. Wollte abschließen,
hinter mir lassen und vergessen.
Einfach weit weglaufen. Doch auf meiner
Flucht hast du schon auf mich gewartet.
In der Ferne und in der Tiefe.
Und ich lief in deine Arme.
Du wurdest meine Zuflucht.

5. MOSE 7,5–11

Mein Tag

Donnerstag

15

MAI

Ein geängstetes,
zerschlagenes Herz wirst du,
Gott, nicht verachten.

PSALM 51,19

Jesus sprach:
Der Zolleinnehmer blieb verlegen
am Eingang stehen
und wagte es nicht einmal aufzusehen.
Schuldbewusst betete er:
Gott, sei mir gnädig und vergib mir,
ich weiß, dass ich ein Sünder bin!
Ihr könnt sicher sein,
dieser Mann ging von seiner Schuld
befreit nach Hause.

LUKAS 18,13–14 HFA

Wie konnte es nur so weit kommen? Das wollte ich doch gar nicht.
Immer wieder passiert es mir. Es tut mir leid, ich schäme mich so dafür.
Doch auch wenn ich mit niemanden darüber reden kann,
vor dir brauch ich keine Geheimnisse zu haben.
Dir kann ich alles sagen und du verachtest mich nicht.
Wieder und wieder hilfst du mir auf. Du nimmst alles weg.
Befreit atme ich auf und kann wieder neu beginnen.

5. MOSE 28,1–7

Freitag

16

MAI

Ich will hoffen auf den HERRN,
der sein Antlitz verborgen hat
vor dem Hause Jakob.

JESAJA 8,17

Sie sind doch Israel,
das von Gott erwählte Volk.
Ihnen gehört das Vorrecht,
Kinder Gottes zu sein.
Ihnen offenbarte er seine Herrlichkeit.
Mit ihnen hat er wiederholt
seinen Bund geschlossen.
Ihnen hat er sein Gesetz gegeben
und die Ordnungen für den Opferdienst
zu seiner Verehrung.
Ihnen hat er das künftige Heil
versprochen.

RÖMER 9,4 GN

es gibt immer Grund zur Hoffnung
denn immer wieder hast du gesagt und gezeigt:
du willst der Gott Israels sein
für immer

5. MOSE 31,9–13

Mein Tag

Samstag 17 MAI

Die Gnade des HERRN währt
von Ewigkeit zu Ewigkeit über denen,
die ihn fürchten,
und seine Gerechtigkeit
auf Kindeskind bei denen,
die seinen Bund halten.

PSALM 103,17–18

Weil du mein Wort bewahrt hast,
das dir die Kraft gibt, auszuharren,
werde auch ich dich bewahren
in der Stunde der Versuchung,
die über den ganzen Erdkreis
kommen wird,
die Erdenbewohner zu versuchen.

OFFENBARUNG 3,10 ZB

*An Gott mich klammern,
das ist meine Kraft.*

AUGUSTINUS, KIRCHENLEHRER IM 4.–5. JAHRHUNDERT

ich trage das Schwere nicht allein
zwar nimmst Du es mir nicht ab
Doch Du stärkst meine Schultern
ich spüre deine Kraft
Du machst meine Füße schnell
und schenkst mir einen Ausblick
in hellere leichtere Tage
es wird weitergehen
Schritt für Schritt
mit dir

GABI RENNEKE

5. MOSE 33,26–29

Sonntag
18
MAI

Mein Tag

Der HERR kennt die Gedanken
der Menschen:
Sie sind nur ein Hauch!
PSALM 94,11

Niemand soll sich selbst
etwas vormachen!
Wenn einer von euch meint,
er gehöre zu den Klugen dieser Welt,
muss er erst einmal begreifen,
dass seine Klugheit Torheit ist;
nur so wird er wirklich klug.
Denn was die Welt für klug hält,
das ist bei Gott töricht.
1. KORINTHER 3,18–19 NGÜ

Ein schielendes Huhn sah die ganze Welt etwas schief und glaubte daher, sie sei tatsächlich schief. Auch seine Mithühner und den Hahn sah es schief an. Es lief immer schräg und stieß oft gegen die Wände. An einem windigen Tag ging es mit seinen Mithühner am Turm von Pisa vorbei. »Schaut euch das an«, sagten die Hühner, »der Wind hat diesen Turm schief geblasen.« Auch das schielende Huhn betrachtete den Turm und fand ihn völlig gerade. Es sagte nichts, dachte aber bei sich, dass die anderen Hühner womöglich schielten.
LUIGI MALERBA

Vielleicht ist manches ganz anders, als ich immer dachte?
Schenk mir neue Perspektiven!
Lass mich mit einem veränderten Blick auf die Dinge schauen.

Amen.

5. MOSE 34,1–12

Mein Tag

Montag

19

MAI

Wir wissen nicht,
was wir tun sollen,
sondern unsere Augen sehen nach dir.
2. CHRONIK 20,12

Jesus sprach
zu den zweiundsiebzig Jüngern:
Wenn ihr in ein Haus kommt,
sprecht zuerst:
Friede sei diesem Hause!
LUKAS 10,2.5

Bei wem holst du dir Hilfe, wenn du nicht weiter weißt?

O Herr, mach mich zu einem Werkzeug deines Friedens,
dass ich Liebe übe, wo man sich hasst,
dass ich verzeihe, wo man sich beleidigt,
dass ich verbinde, da, wo Streit ist,
dass ich die Wahrheit sage, wo Irrtum herrscht,
dass ich den Glauben bringe, wo Zweifel drückt,
dass ich Hoffnung wecke, wo Verzweiflung quält,
dass ich ein Licht anzünde, wo Finsternis regiert,
dass ich Freude mache, wo der Kummer wohnt.

PSALM 105,1–8

Dienstag 20 MAI

Mein Tag

So spricht der Herr:
Ich habe dein Gebet gehört
und deine Tränen gesehen.
Siehe, ich will dich gesund machen.

2. KÖNIGE 20,5

Der königliche Beamte sprach zu ihm:
Herr, komm herab,
ehe mein Kind stirbt!
Jesus spricht zu ihm:
Geh hin, dein Sohn lebt!
Der Mann glaubte dem Wort,
das Jesus zu ihm sagte, und ging hin.
Und während er noch hinabging,
begegneten ihm seine Knechte
und sagten: Dein Kind lebt.

JOHANNES 4,49–51

Gott begehrt nichts mehr von uns, denn dass man Großes von ihm erbitte.

MARTIN LUTHER

ich trau dir was zu
deshalb traue ich mich
dieses große Anliegen
vor dich zu bringen:

____

PSALM 105,37–42

Mein Tag

Mittwoch

21

MAI

Fürchte dich nicht, Zion!
Lass deine Hände nicht sinken!
Denn der HERR, dein Gott, ist bei dir,
ein starker Heiland.

ZEFANJA 3,16–17

Erbarmt euch derer,
die zweifeln.

JUDAS 22

Einer soll heute dein Nächster sein,
einer, der sonst nicht zählt, einer,
der nicht mehr glauben kann,
der sich mit Zweifeln quält.
Einem sollst du heute Nächster sein,
einem sollst du dich nahn,
sollst an ihm tun,
wie Jesus Christ selber an dir getan.

LINDOLFO WEINGÄRTNER

Hände aus den Hosentaschen und loslegen!
Danke, dass du uns Hände zum Anpacken gegeben hast!
Lass sie davon reden, was uns im Herzen bewegt!

APOSTELGESCHICHTE 13,1–3

Donnerstag

22

MAI

Mein Tag

HERR, lass den Geringen
nicht beschämt davongehen.
PSALM 74,21

Die kanaanäische Frau fiel
vor Jesus nieder und sprach:
Herr, hilf mir! Aber er antwortete
und sprach: Es ist nicht recht,
dass man den Kindern ihr Brot nehme
und werfe es vor die Hunde.
Sie sprach: Ja, Herr; aber doch essen
die Hunde von den Brosamen,
die vom Tisch ihrer Herren fallen.
Da antwortete Jesus
und sprach zu ihr:
Frau, dein Glaube ist groß.
Dir geschehe, wie du willst!
Und ihre Tochter wurde gesund
zu derselben Stunde.
MATTHÄUS 15,25–28

Bitte hab du alle im Blick,
die von uns so schnell übersehen werden!
Und öffne auch unsere Augen,
damit wir sehen, wer am Rand steht.
Mach uns wachsam,
damit wir die vielen Gesichter
von Armut wahrnehmen.
Beweg unsere Herzen,
dass wir nicht ignorieren, wer uns braucht.

APOSTELGESCHICHTE 13,4–12

Freitag 23 MAI

Ich will sie sammeln
von den Enden der Erde,
unter ihnen Blinde und Lahme,
Schwangere und junge Mütter,
dass sie als große Gemeinde
wieder hierher kommen sollen.

JEREMIA 31,8

Da wurde der Hausherr zornig
und sprach zu seinem Knecht:
Geh schnell hinaus auf die Straßen
und Gassen der Stadt
und führe die Armen
und Verkrüppelten und Blinden
und Lahmen herein.

LUKAS 14,21

Wen laden wir in unsere Kirchen und Gemeinden ein?

Du suchst dir die Schwachen zum Freund.
Wer uns unbedeutend erscheint, den siehst du mit
gnädigem Blick zum und führst ihn zur Quelle zurück.
Du suchst dir die Starken zum Freund.
Wer meint, dass er Hilfe nicht braucht, dem zeigst du
ein größeres Reich. Das stolze Herz machst du weich.
Schwach und stark, jung und alt,
krank oder gesund sind wir willkommen.
Mann und Frau, arm und reich,
schuldig, doch frei, sind wir willkommen.
Wir sind willkommen.

A. KOPFERMANN/S. JERSAK

APG. 13,13–25

Samstag
24
MAI

Du allein kennst das Herz
aller Menschenkinder.
1. KÖNIGE 8,39

Als Jesus Nathanael erblickte,
sagte er:
Hier kommt ein wahrer Israelit,
ein ganz und gar aufrichtiger Mensch!
Nathanael staunte:
Woher kennst du mich?
JOHANNES 1,47–48 HFA

Wer bin ich?
Gott, weißt du es?
Ich weiß es nicht.
Du musst es wissen.
Du hast mich geschaffen.
Nicht zufällig,
sondern nach deinem Bild.
Halte mir den Spiegel vor,
damit ich erkenne
dich und mich.
ANNABEL EISELE

APOSTELGESCHICHTE 13,44–52

Mein Tag

Sonntag 25 MAI

Du sollst dein Herz nicht verhärten
und deine Hand nicht zuhalten
gegenüber deinem armen Bruder.

5. MOSE 15,7

Meine Brüder und Schwestern!
Was nützt es,
wenn jemand behauptet zu glauben,
sich der Glaube
aber nicht in Taten zeigt?

JAKOBUS 2,14 BB

Wer von Armut spricht, kann zum Reichtum nicht schweigen. Armutsbekämpfung und die Minderung sozialer Ungleichheit sind zwei Facetten zukunftsfähiger Entwicklung, die eng miteinander verwoben sind. Das betrifft die Gesellschaften des Südens und des Nordens sowie das globale Miteinander.

BROT FÜR DIE WELT

Herr, du hast uns in die Welt gestellt,
um in Gemeinschaft zu leben.
Du hast uns gelehrt zu lieben,
aneinander Anteil zu nehmen,
zu kämpfen für Brot und Gerechtigkeit.
Deine Wahrheit soll in unserem Leben
zur Welt kommen. So soll es sein:
Jesus Christus!

AUS URUGUAY

APOSTELGESCHICHTE 14,1–7

Montag
26
MAI

Mein Tag

Es soll nicht durch Heer oder Kraft,
sondern durch
meinen Geist geschehen,
spricht der HERR Zebaoth.

SACHARJA 4,6

Der Engel sprach zu Maria:
Der Heilige Geist wird
über dich kommen, und die Kraft
des Höchsten wird dich überschatten;
darum wird auch das Heilige,
das geboren wird,
Gottes Sohn genannt werden.

LUKAS 1,35

Weihnachten
Fest des Heiligen Geistes
stille Nacht, heilige Nacht
wer hat hier das Wunder vollbracht?

O Heilger Geist, o heilger Gott,
mehr' unsern Glauben immerfort;
an Christus niemand glauben kann,
es sei denn durch dein Hilf getan.
O Heilger Geist, o heilger Gott!

JOHANNES NIEDLING

APOSTELGESCHICHTE 14,8–20

Mein Tag

Dienstag 27 MAI

Wo ist ein Fels außer unserm Gott?

PSALM 18,32

Paulus schreibt:
Wir dachten schon,
das Todesurteil wäre
über uns gesprochen.
Wir sollten aber lernen,
nicht auf uns selbst zu vertrauen.
Auf Gott sollten wir vertrauen,
der die Toten auferweckt.
Er hat uns
vor dem sicheren Tod gerettet
und wird es wieder tun.
Auf ihn setzen wir unsere Hoffnung,
dass er uns auch
in Zukunft retten wird.

2. KORINTHER 1,9–10 BB

Gott, manchmal kann ich richtig spüren, wie du an meiner Seite bist. Wie Arme, die mich halten. Wie ein Netz, das mich auffängt. Wie ein Zuhause, in dem ich mich sicher fühle. Dann fällt es mir leicht, dir zu vertrauen. Aber manchmal dann spüre ich das alles nicht mehr, ich stolpere und habe Angst vor dem, was passieren wird. Bitte hilf mir, dir dann weiter zu vertrauen und lass mich erleben, wie du mich trotzdem auf meinen Weg sicher führst.

Amen.

APOSTELGESCHICHTE 14,21–28

Mittwoch

28

MAI

Mein Tag

Zur letzten Zeit wird kein Volk
wider das andere
das Schwert erheben,
und sie werden hinfort
nicht mehr lernen,
Krieg zu führen.
JESAJA 2,2.4

Jagt dem Frieden nach
mit jedermann und der Heiligung,
ohne die niemand
den Herrn sehen wird.
HEBRÄER 12,14

Ich sehne den Tag herbei,
an dem in allen Nachrichten
nur noch berichtet wird:
Himmlischer, nie endender Friede
ist endlich ausgebrochen!

Ich glaube, Gott
dass du nicht ohnmächtig bist
Bring unsere Logik durcheinander
nach der man gewinnen muss
Befreie uns von der Dummheit
von Alternativlosigkeit zu reden
Begleite uns in Krisen und Kriegen
als Dünnhäutige und Friedensbringer
amen
S. NIEMEYER/M. LEMME

HESEKIEL 36,26–27

Mein Tag

Donnerstag

29

MAI

CHRISTI HIMMELFAHRT

Der HERR spricht:
Ich will Frieden geben in eurem Lande,
dass ihr schlaft
und euch niemand aufschrecke.

3. MOSE 26,6

Der Friede wird nur durch die Herrschaft des Friedefürsten gegründet werden. Er muss die Herzen der Menschen erneuern und allein über sie herrschen. Dann werden sie aufhören, zu verwunden und zu töten.

CHARLES HADDON SPURGEON,
PREDIGER IM 19. JAHRHUNDERT

Jesus spricht:
Ich treibe die bösen Geister
mit dem Finger Gottes aus,
und daran könnt ihr sehen,
dass Gott schon angefangen hat,
mitten unter euch seine Herrschaft
aufzurichten.

LUKAS 11,20 GN

Schick
deinen engel/zur nacht
gib
deine träume/zum reich
und
ein aufstehn/zu dir

RUDOLF BOHREN

APOSTELGESCHICHTE 1,4–11

Mein Tag

Freitag 30 MAI

Fröhlich lass sein in dir,
die deinen Namen lieben!
PSALM 5,12

Als die Apostel daraufhin
den jüdischen Rat verließen,
waren sie froh gestimmt.
Denn sie betrachteten es als Ehre,
für den Namen von Jesus beschimpft
und beleidigt zu werden.
Unbeirrt lehrten sie Tag für Tag
im Tempel und in den Häusern.
Sie verkündeten die Gute Nachricht,
dass Jesus der Christus ist.
APOSTELGESCHICHTE 5,41–42 BB

Freude trotz unerfreulicher Umstände – ist das möglich?

Wir beten für alle Brüder und Schwestern im Glauben,
die unter Benachteiligung, Verfolgung oder sonstiger Schikane leiden,
weil sie zu dir gehören. Beschenke sie heute mit deiner Nähe.
Erfüll sie neu mit Freude an dir, besonders in den Momenten,
in denen ihnen das Leben schwer gemacht wird. Lass sie strahlen,
weil du in ihnen wohnst.

Amen.

RÖMER 8,14–16

Mein Tag

Samstag

31

MAI

Wohl dem, der barmherzig ist
und gerne leiht und das Seine tut,
wie es recht ist!

PSALM 112,5

Die Reichen sollen Gutes tun,
reich werden an guten Werken,
freigebig sein und ihren Sinn
auf das Gemeinwohl richten.
So verschaffen sie sich
eine gute Grundlage für die Zukunft,
die dazu dient,
das wahre Leben zu gewinnen.

1. TIMOTHEUS 6,18–19 ZB

Darum sagen wir Nein zur Kultur des ungebändigten Konsumverhaltens, der konkurrierenden Gewinnsucht und zur Habsucht des Menschen. Weiter sagen wir auch Nein zur unkontrollierten Anhäufung von Reichtum und zum grenzenlosen Wachstum, die schon jetzt das Leben von Millionen Menschen gefordert und viel von Gottes Schöpfung zerstört haben.

NACH AUS DEM BEKENNTNIS VON ACCRA (GHANA) DES REFORMIERTEN WELTBUNDES (AUSZUG GEKÜRZT DURCH STOPARMUT 2015)

5☆

Teilen, leihen, schenken – das habe ich zu geben:

1. Fahrdienst mit meinem Auto
2. Offenes Ohr
3. Hilfe bei Fahrradreparatur
4. Warmes Mittagessen
5. Schlafplatz

Meine Top five:

____

____

____

____

____

2. TIMOTHEUS 1,7

06 | 25

Juni

Mir aber hat Gott gezeigt, dass man keinen Menschen unheilig oder unrein nennen darf.

APOSTELGESCHICHTE 10,28

MONTAG		02	09	16	23	30
DIENSTAG		03	10	17	24	
MITTWOCH		04	11	18	25	
DONNERSTAG		05	12	19	26	
FREITAG		06	13	20	27	
SAMSTAG		07	14	21	28	
SONNTAG	01	08	15	22	29	

Mein Tag

Sonntag 01 JUNI

Hanna betete:
Ach, HERR Zebaot,
sieh das Elend deiner Magd an!
Denk doch an mich
und vergiss deine Magd nicht!
Schenk deiner Magd einen Sohn!
Dann will ich ihn dem HERRN überlassen
sein ganzes Leben lang.

1. SAMUEL 1,11 BB

Für Elisabeth kam die Zeit,
dass sie gebären sollte;
und sie gebar einen Sohn.
Und ihre Nachbarn
und Verwandten hörten,
dass der Herr große Barmherzigkeit
an ihr getan hatte,
und freuten sich mit ihr.

LUKAS 1,57–58

Danke, Gott für alle Kinder.
Jedes ist ein Wunder! Einzigartig!
Ein Geschenk von dir! Grund zur Freude!
Danke für alle Eltern,
die ihr Kind willkommen heißen.
Und bitte sei bei allen Kindern,
die nicht liebevoll begrüßt werden.
Schicke ihnen Menschen, die ihnen zeigen:
Du bist gewollt! Du bist Gottes Wunschkind!
Er liebt dich! Er freut sich über dich!

PSALM 51,12–15

Montag

02

JUNI

Mein Tag

Jeremia sprach:
**Mich jammert von Herzen,
dass die Tochter meines Volks
so zerschlagen ist.
Ist denn keine Salbe
in Gilead oder ist kein Arzt da?**

JEREMIA 8,21.22

Jesus sprach zu Zachäus:
**Heute bist du gerettet worden –
zusammen mit allen,
die in deinem Haus leben.
Denn auch du bist ein Nachkomme
Abrahams!
Der Menschensohn ist gekommen,
um die Verlorenen zu suchen
und zu retten.**

LUKAS 19,9–10 BB

Good to know

Tochter meines Volkes: meint hier die Stadt Jerusalem oder ihre Bewohner.
Gilead: Bergland östlich des Jordan, in dem Heilkräuter wuchsen.
Die Bewohner stellten daraus Salben her.

SACHERKLÄRUNGEN DER BASISBIBEL

Du tust im Innern meiner Seele gut,
und tu tust, was Balsam auf den Wunden tut,
und du suchst mich, wenn ich mich in mir verlier.

TOBI WÖRNER

RÖMER 8,26–27

Mein Tag

Dienstag

03

JUNI

Heilig, heilig, heilig ist
der HERR Zebaoth,
alle Lande sind seiner Ehre voll!

JESAJA 6,3

Der Engel sprach mit lauter Stimme:
Habt Ehrfurcht
vor Gott und preist seine Herrlichkeit!
Denn die Stunde ist da,
in der er Gericht hält.
Betet ihn an,
der den Himmel erschaffen hat,
die Erde, das Meer
und die Wasserquellen!

OFFENBARUNG 14,7 BB

Was veranlasst dich zum Staunen über Gott?

O Jesu, wir wissen:
kein Wort, kein Gedanke,
kein Licht, kein Ton,
keine Farbe und kein Geschöpf dieser Welt
kann nur von ferne
sagen, begreifen oder darstellen,
wer du bist und wie du bist.
Und dennoch darf unser kleines Herz
dich anbeten, dich lieben
in der Unendlichkeit
deiner Liebe und deines Erbarmens.
Hochgelobt bist du!

HANNA HÜMMER

1. KORINTHER 12,4–11

Mittwoch

04

JUNI

Mein Tag

Du bist mein Vater,
mein Gott und der Hort
meines Heils.

PSALM 89,27

Unser tägliches Brot
gib uns heute.

MATTHÄUS 6,11

Gib mir
in deiner väterlichen Treue
und mütterlichen Zuwendung,
was ich für diesen Tag brauche.

Amen

GALATER 5,16–19.22–23

Mein Tag

Donnerstag

05

JUNI

Gott spricht zu dem,
der ihn missachtet:
Was sagst du überhaupt
meine Gebote auf?
Warum nimmst du die Weisungen
meines Bundes
immer wieder in den Mund?
Gleichzeitig verabscheust du selbst
jede Zurechtweisung, ja,
meine Worte wirfst
du achtlos hinter dich!

PSALM 50,16–17 NGÜ

Wir dürfen über
dem Bewahren
des Glaubens
nicht das Praktizieren
des Bewahrten
vergessen.

SIEGBERT RIECKER

Es werden nicht alle,
die zu mir sagen: Herr, Herr!,
in das Himmelreich kommen,
sondern die den Willen tun
meines Vaters im Himmel.

MATTHÄUS 7,21

Lass deine Worte nicht vergeblich sein,
sondern unser Innerstes verändern.
Lass auch unsere Worte nicht vergeblich sein,
indem wir Taten folgen lassen.
Auf dass unser Glaube lebendig wird!

EPHESER 4,3–5

Freitag 06 JUNI

Um Jerusalem her sind Berge,
und der HERR ist um sein Volk
her von nun an bis in Ewigkeit.

PSALM 125,2

Jesus betete:
**Ich bitte nicht,
dass du sie aus der Welt nimmst,
sondern dass du sie bewahrst
vor dem Bösen.**

JOHANNES 17,15

Was brauchst du, um dich geborgen zu fühlen?

Oh, Gott,
ich kann nicht mehr!
Ich kann nicht mehr beten.

Bete du für mich.
Bete um mich.
Bete um mein Leben.

Nimm mich in dein Gebet.

PETER SCHOTT

APOSTELGESCHICHTE 15,36–41

Mein Tag

Samstag

07

JUNI

HERR, in deiner Hand ist Kraft
und Macht, und es ist niemand,
der dir zu widerstehen vermag.

2. CHRONIK 20,6

Sie trieben Jesus
aus Nazaret hinaus –
bis an den Abhang des Berges,
auf dem ihre Stadt gebaut war.
Dort wollten sie ihn hinunterstürzen.
Aber Jesus ging mitten durch
die Menge hindurch und zog weiter.

LUKAS 4,29–30 BB

Von Jesus lernen
Für den Umgang mit Feinden

Sich nicht treiben lassen
Nicht zum Gegenangriff
Noch in den Abgrund
Mitten hindurch
Weiterziehen.

BENIGNA CARSTENS

Lieber Gott,
mir wurde gesagt, du seist größer als jedes Problem.
Bei dir würde es keine hoffnungslosen Fälle geben.
Du könntest jede Situation zum Guten wenden.
Wenn das stimmt, dann wäre jetzt ein guter Moment,
mir das zu zeigen!

APOSTELGESCHICHTE 16,1–10

Sonntag

08

JUNI

PFINGSTFEST

HERR, du machst alles lebendig,
und das himmlische Heer
betet dich an.

NEHEMIA 9,6

Und als sie gebetet hatten,
erbebte die Stätte,
wo sie versammelt waren;
und sie wurden alle
vom Heiligen Geist erfüllt
und redeten das Wort Gottes
mit Freimut.

APOSTELGESCHICHTE 4,31

KOMM, SCHÖPFER GEIST...

geist der freiheit,
hauch des lebens,
lass dich auf mir nieder.
ströme tief in mich hinein
und vertreibe meine angst.
mein mund wird dein mund,
meine hände werden deine hände.
und dein mut wird
meine befreiung sein.

F. REINTGEN/K. VELLGUTH

APOSTELGESCHICHTE 16,11–15

Mein Tag

Montag

09

JUNI

PFINGSTMONTAG

Der Gerechte muss viel leiden,
aber aus alledem hilft
ihm der HERR.

PSALM 34,20

Und wenn man euch abführt
und vor Gericht stellt,
dann sorgt euch nicht im Voraus,
was ihr reden sollt,
sondern was euch in jener Stunde
eingegeben wird, das redet.
Denn nicht ihr seid es, die reden,
sondern der heilige Geist.

MARKUS 13,11 ZB

Hast du den Heiligen Geist schon mal irgendwo in deinem Leben vermutet? Woran könntest du ihn bemerken?

Du Heilger Geist, bereite ein Pfingstfest nah und fern;
mit deiner Kraft begleite das Zeugnis von dem Herrn.
O öffne du die Herzen der Welt und uns den Mund,
dass wir in Freud und Schmerzen das Heil ihr machen kund.

PHILIPP SPITTA

APOSTELGESCHICHTE 16,16–24

Dienstag

10

JUNI

Der HERR ist mein Fels
und meine Burg und mein Erretter.
2. SAMUEL 22,2

Paulus schreibt:
**Der Herr stand mir bei
und gab mir Kraft.
Denn die Verkündigung
seiner Botschaft
sollte durch mich ihr Ziel erreichen:
Alle Völker sollten sie hören.
Und ich wurde aus dem Rachen
des Löwen gerettet.**
2. TIMOTHEUS 4,17 BB

Frau Angst und Frau Vertrauen sind Schwestern.
Bleib, ruft Frau Angst.
Geh, ruft Frau Vertrauen.
Ich beschütze dich, verspricht Frau Angst.
Ich lasse dich, verspricht Frau Vertrauen.
Bei mir bist du in Sicherheit, verspricht Frau Angst.
Bei mir bist du in Erwartung, verspricht Frau Vertrauen.
Ich bin, sagt Frau Angst.
Ich werde, sagt Frau Vertrauen.
SUSANNE NIEMEYER, AUTORIN UND BLOGGERIN

Wenn du mir das zumutest,
dann gib mir auch den Mut dazu!

APOSTELGESCHICHTE 16,25–34

Mein Tag

Mittwoch

11

JUNI

Sechs Tage sollst du arbeiten
und alle deine Werke tun.
Aber am siebenten Tage ist der Sabbat
des HERRN, deines Gottes.
Da sollst du keine Arbeit tun.

2. MOSE 20,9.10

Jesus sprach zu ihnen: Was ist
am Sabbat erlaubt: Gutes tun
oder Böses tun, Leben retten oder töten?

MARKUS 3,4

5☆

Dabei erhole ich mich:

1. Spaziergang im Wald
2. Mittagsschlaf
3. Kaffee mit Freundin
4. Sport machen
5. Den Wolken zuschauen

Meine Top five:

____

____

____

____

____

Vater, du hast selbst die Ärmel
hochgekrempelt,
als du die Welt geschaffen hast.
Jesus, du hast dein Geld
als Zimmermann verdient.
Heiliger Geist, deine Arbeit bleibt oft
ungesehen – wie die vieler anderer.
Dreieiniger Gott,
segne meine müden Hände.
Segne meinen leeren Kopf.
Segne mein unruhiges Herz.
Lass sie Ruhe finden heute Abend.

Amen.

STEVE KENNEDY HENKEL

APOSTELGESCHICHTE 16,35–40

Donnerstag

12

JUNI

Mein Tag

Dem HERRN, eurem Gott,
sollt ihr folgen und ihn fürchten
und seine Gebote halten
und seiner Stimme gehorchen
und ihm dienen und ihm anhangen.

5. MOSE 13,5

Ihr scheint als Lichter in der Welt,
dadurch dass ihr festhaltet
am Wort des Lebens.

PHILIPPER 2,15–16

Mach du unser Leben hell,
dass wir wie erleuchtete Fenster
Wärme und Geborgenheit
in die Dunkelheit ausstrahlen.

Amen.

APOSTELGESCHICHTE 17,1–9

Mein Tag

Freitag 13 Juni

Sollte dem Herrn
etwas unmöglich sein?

1. MOSE 18,14

Schließlich zeigte sich Jesus
den elf Jüngern,
als sie gerade beim Essen
zu Tisch lagen. Er warf ihnen vor,
dass sie nicht geglaubt hatten
und uneinsichtig gewesen waren.
Denn sie wollten denen nicht glauben,
die ihn nach seiner Auferstehung
gesehen hatten.

MARKUS 16,14 BB

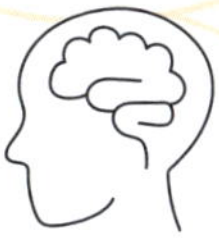

Traust du Gott
alles zu?
Hat er dich
schon mal
überrascht?

Herr, ich weiß nicht, was ich von dir
und Glaube und Religion noch halten soll.
Mein Leben hat sich so verändert,
und ich habe mir über so viele Dinge
Gedanken gemacht,
dass ich am Ende gar nicht mehr weiß,
was ich glauben soll.
Gibt es dich wirklich, wenn ja,
warum erkenne ich das nicht?
War das, was ich früher
gefühlt und geglaubt habe, nur Schwachsinn?
Auch das glaube ich kaum.
Ich will dich neu entdecken.

RAFFAEL

APOSTELGESCHICHTE 17,10–15

Samstag 14 JUNI

Die Frau sah,
dass von dem Baum
gut zu essen wäre
und dass er eine Lust
für die Augen wäre und verlockend,
weil er klug machte.

1. MOSE 3,6

Die Welt vergeht,
mit ihrem Begehren;
wer aber den Willen Gottes tut,
der bleibt in Ewigkeit.

1. JOHANNES 2,17 ZB

So vieles glitzert und glänzt,
verspricht mir Glück, ultimative Erfüllung, große Gewinne,
ein besseres Leben.
Doch was hilft, wenn es schwierig wird?
Was hält, wenn es hart auf hart kommt?
Was bleibt, wenn Glitzerstaub verweht und Lack abblättert?
Hilf, dass ich mich nicht vom äußeren Schein trügen lasse.
Lass mich in dir finden, wonach ich mich sehne.

JOSUA 1,1–9

Mein Tag

Sonntag

15

JUNI

Richtet recht,
und ein jeder erweise
seinem Bruder Güte
und Barmherzigkeit!
SACHARJA 7,9

Ein Diener des Herrn
soll sich nicht streiten.
Er soll zu allen freundlich sein,
ein guter Lehrer,
der stets geduldig bleibt.
Diejenigen, die sich widersetzen,
soll er mit Freundlichkeit
zurechtweisen.
Vielleicht gibt ihnen Gott
die Möglichkeit, ihr Leben zu ändern.
2. TIMOTHEUS 2,24–25 BB

Mit einem Tropfen Honig fängt man mehr Mücken als mit einem ganzen Fass Essig.

FRANZ VON SALES, KIRCHENLEHRER
IM 16./17. JAHRHUNDER

Wirke du in mir
die Kraft der Freundlichkeit
ein Lächeln, ein gutes Wort
damit das Eis schmilzt
und die Kälte flieht

JOSUA 1,10–18

Montag
16
JUNI

Eine freundliche Antwort
dämpft den Zorn,
aber ein verletzendes Wort
steigert ihn.

SPRÜCHE 15,1 BB

Halte dich an das Vorbild
der heilsamen Worte,
die du von mir gehört hast,
im Glauben
und in der Liebe in Christus Jesus.

2. TIMOTHEUS 1,13

So schnell erwidert, gepostet,
auf Senden gedrückt,
in ein paar Sekunden
mit nur wenigen Worten
zurückgeschlagen, getroffen und verletzt –
oh hilf, dass ich innehalte,
zuhöre, nachfrage
den richtigen Ton treffe,
dass meine Worte zwischen uns Brücken
bauen statt Gräben schaffen.

Mein Tag

Welche Worte tut es gut zu hören?
Hier ist Platz, um Worte zu sammeln:

Entschuldigung angenommen.

Ich bin für dich da!

Ich sehe Licht am Ende des Tunnels.

Ich bete für dich.

Du bist willkommen!

Nur Mut.

Schritt für Schritt.

Friede mit dir.
Kein Problem, ich habe Zeit.

JOSUA 2,1–14

Mein Tag

Dienstag 17 JUNI

Ich lasse los, die Hände frei zum empfangen.
Ich lasse zurück, bereit Neuland zu entdecken.
Noch ungewiss, wohin du mich führst,
werde ich unerwartet beschenkt.

Gott sprach zu Jakob:
Ich bin Gott, der Gott deines Vaters;
fürchte dich nicht.
Ich will mit dir hinab
nach Ägypten ziehen
und will dich
auch wieder heraufführen.

1. MOSE 46,3.4

Petrus sprach:
Siehe, wir haben, was wir hatten,
verlassen und sind dir nachgefolgt.
Jesus aber sprach zu ihnen:
Wahrlich, ich sage euch:
Es ist niemand, der Haus oder Frau
oder Brüder oder Eltern
oder Kinder verlässt
um des Reiches Gottes willen,
der es nicht vielfach
wieder empfange in dieser Zeit
und in der kommenden Welt
das ewige Leben.

LUKAS 18,28–30

Belebe und bewege uns, Herr.
Bewege uns zu dir und zueinander.
Belebe und bewege uns, Herr
in die von dir geliebte Welt.

PETER STRAUCH

JOSUA 2,15–24

Mittwoch 18 JUNI

Dein Wort ist meines Herzens Freude
und Trost;
denn ich bin ja nach
deinem Namen genannt,
HERR, Gott Zebaoth.

JEREMIA 15,16

Philippus und der Eunuch
stiegen ins Wasser,
und Philippus taufte ihn.
Als sie aus dem Wasser herausstiegen,
wurde Philippus vom Geist des Herrn
fortgenommen.
Der Eunuch sah ihn nicht mehr.
Aber er setzte seinen Weg
voller Freude fort.

APOSTELGESCHICHTE 8,38–39 BB

In der Taufe kommen zwei Dinge zusammen: Gottes Ja zum Menschen und das Ja des Menschen zu Gott.

YOUBE, EVANGELISCHER JUGENDKATECHISMUS

Jesus Christus, du hast mich gerufen, und ich habe mich entschieden.
Darüber bin ich froh. Du befreist von Mächten, die zu Irrtum und Lüge verführen.
Ich bekenne mich zu dir. Du sollst mein Leben bestimmen.
Gib mir Mut und Ausdauer, dir nachzufolgen. Und wenn ich versage, so hilf mir.

Amen.

GEBET ZUR TAUFE UND ZUR ERINNERUNG AN DIE TAUFE

JOSUA 3,7–17

Mein Tag

Donnerstag

19

JUNI

Gott der HERR spricht:
Ich will noch mehr sammeln
zu der Schar derer,
die versammelt sind.

JESAJA 56,8

Die Gute Nachricht
vom Himmelreich
wird in der ganzen Welt
verkündet werden.
Alle Völker werden davon hören,
und erst dann wird
das Ende kommen.

MATTHÄUS 24,14 BB

All die Stimmen und Gesichter, die so unterschiedlich sind.
Können wir die Worte finden, in denen deine Liebe klingt?
Lass uns hier in diesen Zeiten deine Friedensbringer sein,
alte Grenzen überschreiben. Bring Hoffnung in die Welt hinein.
Wir sehen, wie das Licht der Ewigkeit anbricht.

G. BALTES/P. NATTERER/L. PETER

JOSUA 4,19–5,1

Freitag 20 JUNI

Wende dich zu mir
und sei mir gnädig;
denn ich bin einsam und elend.

PSALM 25,16

Jesus, du Sohn Davids,
erbarme dich meiner!

MARKUS 10,47

Sag Gott ehrlich,
wie es dir geht!
Trau dich, zu klagen!

Gott, ich bin am Ende. Ich kann nicht mehr glauben.
Mir nicht. Dir nicht. Niemandem.
Ich fühle mich allein.
Nichts geht mehr. Mir fehlt der Glaube daran, dass es besser wird.
So lange habe ich ausgehalten. Durchgehalten.
Du siehst, wie mir mein Leben aus den Händen gleitet.
Gott, gestern hast du mir geholfen.
Gestern warst du für mich da.
Deswegen hoffe ich, du wirst mich auch jetzt nicht verlassen.
Ich hoffe darauf. Sicher bin ich mir nicht.
Aber ich will es glauben.
Hilf mir dabei.

Amen.

ANDI WEISS/MARTINA WEISS

JOSUA 5,13–15

Mein Tag

Samstag

21

JUNI

Danket dem Herrn aller Herren,
der allein große Wunder tut,
denn seine Güte währet ewiglich.
PSALM 136,3.4

Das Volk neigte einmütig dem zu,
was Philippus sagte,
als sie ihm zuhörten
und die Zeichen sahen, die er tat,
und es kam große Freude
auf in jener Stadt.
APOSTELGESCHICHTE 8,6.8

Probiers mal aus:
Heute nichts als
selbstverständlich hinnehmen.
Heute zwischendurch stehen bleiben,
um genauer hinzusehen.
Heute mal Zeit nehmen, sich zu wundern.
Verändert sich irgendetwas?

Meine Welt ist voller Farben, so wie ein Lichtermeer
So wunderschön leuchtend. Wo kommt das alles her?
Es muss da jemand geben. Das kann kein Zufall sein
So ein wundervolles Leben passiert nicht von allein
BASTIAN BENOA

JOSUA 6,1–10

Mein Tag

Sonntag

22

JUNI

Der HERR zog vor ihnen her,
am Tage in einer Wolkensäule,
um sie den rechten Weg zu führen,
und bei Nacht in einer Feuersäule,
um ihnen zu leuchten.

2. MOSE 13,21

Jesus sprach:
Ihr sucht in den Schriften,
denn ihr meint,
ihr habt das ewige Leben darin;
und sie sind's,
die von mir zeugen.

JOHANNES 5,39

Jesus,
geh voran
auf der Lebensbahn!

NIKOLAUS LUDWIG VON ZINZENDORF,
GRÜNDER DER HERRNHUTER BRÜDERGEMEINE

JOSUA 6,11–20

Mein Tag

Montag

23

JUNI

Der HERR ist allen gütig
und erbarmt sich aller seiner Werke.
PSALM 145,9

Auch die Schöpfung
wird von der Last der Vergänglichkeit
befreit werden
und an der Freiheit teilhaben,
die den Kindern Gottes
mit der künftigen Herrlichkeit
geschenkt wird.
RÖMER 8,21 NGÜ

Schöpfergott, dein Erbarmen umfängt diese Erde.
Deine Fürsorge reicht von der Weite des Alls
bis zum kleinsten Geschöpf.
Fortwährend erschaffst und bewahrst du.
Statt zu zerstören, wollen wir schützen und gestalten.
Auf dass deine Schöpfung aufatmen kann.

JOSUA 7,1–9

Dienstag

24

JUNI

Verlass dich auf den HERRN
von ganzem Herzen,
und verlass dich nicht auf
deinen Verstand,
sondern gedenke an ihn
in allen deinen Wegen,
so wird er dich recht führen.

SPRÜCHE 3,5–6

Jesus sprach zu Petrus:
Wahrlich, wahrlich, ich sage dir:
Als du jünger warst,
gürtetest du dich selbst und gingst,
wo du hinwolltest;
wenn du aber alt bist,
wirst du deine Hände ausstrecken
und ein anderer wird dich gürten
und führen, wo du nicht hinwillst.

JOHANNES 21,18

Gott – Du kanntest mich,
schon bevor ich in diese Welt geboren wurde.
Gott – Du kennst mich,
besser als ich mich jemals kennen werde.
Gott – Du kennst meinen Weg,
den ich unter Deiner Führung zu gehen wage.
Gott – Du kennst mein Leben,
dessen Sinn für mich nicht ganz fasslich ist.
Du rufst mich in diese Welt.
Du brauchst mich.
Du baust mit mir an Deinem Reich.
Lass mich Ja sagen zu Deinem Plan.

Amen.

MARIA SCHMITT

JOSUA 7,10–15

Mein Tag

Mittwoch

25

JUNI

Es wird international! Such im Internet nach Lobpreis aus anderen Kulturen – arabisch, chinesisch, spanisch …
Lass dich mitnehmen, wie anderswo Menschen mit Liedern Gott anbeten.

Jene, die fern sind,
werden kommen und am Tempel
des HERRN bauen.

SACHARJA 6,15 ZB

Ja, alle Völker werden kommen
und vor dir niederfallen,
um dich anzubeten.
Denn dein gerechtes Tun
ist für alle sichtbar geworden.

OFFENBARUNG 15,4 NGÜ

Herr, gib allen, die dich suchen,
dass sie dich finden,
und allen, die dich gefunden haben,
dass sie dich aufs neue suchen,
bis all unser Suchen und Finden
erfüllt ist in deiner Gegenwart.

HERMANN BEZZEL

JOSUA 7,16–26

Donnerstag

26

JUNI

Mein Tag

Der Herr sprach zu Mose:
Hol mir das Volk zusammen!
Sie sollen hören,
was ich selbst ihnen sagen will.
So lernen sie,
mir jeden Tag mit Ehrfurcht
zu begegnen,
so lange sie auf der Erde leben.
Das sollen sie auch
ihren Kindern beibringen.

5. MOSE 4,10 BB

Du aber sollst an dem festhalten,
was du gelernt und worauf du
dein Vertrauen gesetzt hast.
Du weißt ja, wer deine Lehrer waren.
Und du kennst auch von klein auf
die Heilige Schrift.
Sie kann dir das nötige Verständnis
vermitteln,
damit du durch den Glauben
an Christus Jesus gerettet wirst.

2. TIMOTHEUS 3,14 BB

Eine gute Glaubenslehre bewahrt vor der Glaubensleere.

HANS-JOACHIM ECKSTEIN,
PROFESSOR DER THEOLOGIE

Rausgewachsen aus Kinderschuhen, auch mein Glaube will erwachsen und selbstständig werden. Was möchte ich übernehmen? Was anders gestalten? Welchen Fragen will ich tiefer nachgehen? Schenk mir Menschen, die mich auf dieser Reise begleiten. Lass meinen Glauben dadurch persönlicher und echter werden.

JOSUA 20,1–6

Mein Tag

Freitag
27
JUNI

Der HERR tötet
und macht lebendig,
führt ins Totenreich
und wieder herauf.

1. SAMUEL 2,6

Leben wir,
so leben wir dem Herrn;
sterben wir,
so sterben wir dem Herrn.
Darum: wir leben oder sterben,
so sind wir des Herrn.

RÖMER 14,8

Wenn wir an der Grenze des Todes einander loslassen müssen, dann tröstet mich der Gedanke, dass Gott bei uns bleibt. Er ist auf beiden Seiten, im Land der Lebenden und im Land der Gestorbenen. Ich stelle mir vor, wie er an der Grenze steht. Eine Hand reicht er uns zur Erde. Die andere reicht er denen, die schon vorausgegangen sind. So verbindet er Zeit und Ewigkeit. Und so verbindet er auch uns miteinander. Über die Grenze des Todes hinaus.

TINA WILLMS, THEOLOGIN UND SCHRIFTSTELLERIN

Mein Leben
empfangen aus deiner Hand
gehalten in jedem Moment
lasse ich eines Tages los
aufgefangen von deiner Hand
So bin ich ganz dein.

JOSUA 21,43–45

Samstag 28 JUNI

Er wird mit Gerechtigkeit
richten die Armen
und rechtes Urteil sprechen
den Elenden im Lande.

JESAJA 11,4

Jesus sprach zu ihnen:
Geht hin und sagt Johannes wieder,
was ihr hört und seht:
Blinde sehen und Lahme gehen,
Aussätzige werden rein
und Taube hören, Tote stehen auf
und Armen wird
das Evangelium gepredigt.

MATTHÄUS 11,4–5

Schönheit, wo Scherben warn,
Ohnmacht wird Mut
in einer Welt voll Leid, hilf uns, oh Gott.
Brot für die Kinder, Gerechtigkeit, Glück.
Frieden in jedem Land,
wo dein Reich entsteht
Schutz für Bedürftige, für Kranke Arznei,
Arbeit, die wertvoll ist, und jedem sein Teil
Land für Enteignete, Verstummten ein Lied,
Stimmen, die aufbegehrn,
wo Unrecht geschieht.

MISCHA MARIN, MICHA-INITIATIVE

Dein Reich komme!

JOSUA 23,1–8

Mein Tag

Sonntag 29

JUNI

Der Herr macht zunichte
die Pläne der Völker.

PSALM 33,10 ZB

Gamaliel sprach:
Lasst ab von diesen Leuten
und lasst sie gehen!
Denn wenn das, was hier geplant
und ins Werk gesetzt wird,
von Menschen stammen sollte,
dann wird es sich zerschlagen.
Wenn es aber von Gott kommt,
dann werdet ihr sie
nicht aufhalten können.

APOSTELGESCHICHTE 5,38–39 ZB

Was können Chancen sein, wenn Pläne durchkreuzt werden?

Wie oft, mein Gott,
hast du meine Pläne
durcheinandergewirbelt.
Wie oft kamst Du
im Gewand des Zufalls
oder des Glücks.
Wie oft nannte ich Dich
Pech oder Unglück oder Schicksal.
Wie oft konntest Du
nichts mit mir anfangen,
weil ich gerade etwas anfangen wollte.

BERNHARD MEUSER

JOSUA 24,1–13

Montag 30 JUNI

Warum gibt Gott
dem Leidenden Licht
und Leben denen,
die verbittert sind,
die sich sehnen nach dem Tod,
doch er kommt nicht?

HIOB 3,20–21 ZB

Von der Geduld Hiobs habt ihr gehört
und habt gesehen,
zu welchem Ende es
der Herr geführt hat;
denn der Herr ist barmherzig
und ein Erbarmer.

JAKOBUS 5,11

Lass die dunklen Wolken
über meinem Leben vorüberziehen!
Und während ich
noch im Regen stehe,
halte deinen schützenden Schirm
über mich!

Good to know

Hiob ist ein Mann, der an Gott glaubt und lebt, wie Gott es will. Die Geschichte erzählt, wie Gott dem Teufel den Versuch erlaubt, Hiobs Glauben durch schwere Schicksalsschläge zu erschüttern. Hiob, verliert seine Kinder, seinen Besitz und wird schwer krank. Freunde kommen und versuchen einen Grund für sein Leiden zu finden. Seine Frau rät ihm, den Glauben aufzugeben. Hiob selbst klagt und hadert mit Gott – lässt aber nicht von ihm ab. Schließlich bekommt er zwar keine Erklärung für sein Schicksal, doch findet seine »Antwort« in einer persönlichen Begegnung mit Gott. Am Schluss schenkt ihm Gott erneut Familie und großen Reichtum.

JOSUA 24,14–24.29–31

07
25

Juli

Sorgt euch um nichts,
sondern bringt in jeder Lage betend
und flehend eure Bitten mit Dank vor Gott!

PHILIPPER 4,6

	07	14	21	28	MONTAG
01	08	15	22	29	DIENSTAG
02	09	16	23	30	MITTWOCH
03	10	17	24	31	DONNERSTAG
04	11	18	25		FREITAG
05	12	19	26		SAMSTAG
06	13	20	27		SONNTAG

Dienstag

01

JULI

Mein Tag

Wenn mir gleich Leib
und Seele verschmachtet,
so bist du doch, Gott,
allezeit meines Herzens Trost
und mein Teil.

PSALM 73,26

Der Seher Johannes schreibt:
**Das sagt der Heilige,
der Wahrhaftige:
Ich kenne deine Werke.
Siehe, ich habe vor dir
eine Tür aufgetan,
die niemand zuschließen kann;
denn du hast eine kleine Kraft
und hast mein Wort bewahrt
und hast meinen Namen
nicht verleugnet.**

OFFENBARUNG 3,7.8

Christus, mein Mut ist müde.
Es fällt mir schwer zu beten.
Aber ich suche deine Nähe.
Lass mich erreichbar sein
für deine Trostkraft,
Du schützender Raum,
in dem ich zu Hause bin.

ANTJE SABINE NAEGELI

PSALM 96,1–6

Mein Tag

Mittwoch
02
JULI

Der HERR ist hoch
und sieht auf den Niedrigen
und kennt den Stolzen von ferne.
PSALM 138,6

Reich ist, wer viel hat.
Reicher ist, wer wenig braucht.
Am reichsten ist, wer viel geben kann.
GERHARD TERSTEEGEN, KIRCHENLIEDDICHTER
IM 18. JAHRHUNDERT

Der reiche Mensch sprach:
Liebe Seele,
du hast einen großen Vorrat
für viele Jahre; habe nun Ruhe,
iss, trink und habe guten Mut!
Aber Gott sprach zu ihm: Du Narr!
Diese Nacht wird man deine Seele
von dir fordern. Und wem wird
dann gehören, was du bereitet hast?
LUKAS 12,19–20

Welche Schätze sammle ich in meinem Leben?
In was investiere ich meine Energie?
Meine Zeit?
Mein Können?
Mein Geld?
Lass mich erkennen,
was in deinen Augen wertvoll ist.

Amen.

PSALM 96,7–13

Donnerstag

03

JULI

Mein Tag

Des Menschen Herz erdenkt
sich seinen Weg;
aber der HERR allein
lenkt seinen Schritt.
SPRÜCHE 16,9

Alles,
was ihr tut mit Worten
oder mit Werken,
das tut alles im Namen
des Herrn Jesus und dankt Gott,
dem Vater, durch ihn.
KOLOSSER 3,17

Bei all den Zukunftsträumen, Angst was zu versäumen
Wo ist der Wald bei all den Bäumen?
Welchen Weg einschlagen, nur so schwere Fragen
welchem Plan lohnt es sich nachzujagen?
Bei all dem Zweifeln, Beten, auf der Stelle treten
wann hör ich auf im Kreis zu drehen?
Jesus du mein Leben, wo willst du mich sehen?
Woher weiß ich, dass du es bist, der redet?
JELENA HERDER

LUKAS 7,1–10

Mein Tag

Freitag

04

JULI

Du bist mein Schutz
und mein Schild;
ich hoffe auf dein Wort.

PSALM 119,114

Das ist der Wille meines Vaters,
dass, wer den Sohn sieht
und glaubt an ihn,
das ewige Leben habe;
und ich werde ihn auferwecken
am Jüngsten Tage.

JOHANNES 6,40

Der Glaube an Gott ist wie der ewige Beginn einer Liebe.

JEAN GIRAUDOUX,
FRANZÖSISCHER SCHRIFTSTELLER

Gott
wälz den Stein weg
der mich hindert zu glauben
Ich möchte glauben
dass Du das Leben bist
und dass Du den Tod überwindest
Ich möchte glauben
dass Du bereits damit begonnen und
Jesus zu einem neuen Leben auferweckt hast
Wälz den Stein weg
damit ich glaube und aufstehe
zu einem frohen Leben

ANTON ROTZETTER

LUKAS 7,11–17

Samstag

05

JULI

Mein Tag

Ach, Herr, sieh doch,
wie bange ist mir.
Mir dreht sich das Herz im Leibe um,
weil ich so ungehorsam gewesen bin.

KLAGELIEDER 1,20

Die Frau sprach:
Kommt, seht einen Menschen,
der mir alles gesagt hat,
was ich getan habe,
ob er nicht der Christus sei!

JOHANNES 4,29

Ich denke, dass, wenn Gott uns vergibt, wir uns selbst vergeben müssen.

C.S. LEWIS, SCHRIFTSTELLER

Christus, Antlitz Gottes,
der du siehst, was uns beschämt,
erbarm dich unser
Christus, Weisheit Gottes,
die umfasst, was uns zerreißt,
erbarm dich unser
Christus, Heiland Gottes,
der du löst, was uns bedrängt,
gib uns deinen Frieden.
amen

SUSANNE NIEMEYER/MATTHIAS LEMME

LUKAS 7,18–23

Mein Tag

Sonntag 06 Juli

Der Übeltäter lasse
von seinen Gedanken
und bekehre sich zum HERRN,
denn bei ihm ist viel Vergebung.

JESAJA 55,7

Lasst euch versöhnen mit Gott!

2. KORINTHER 5,20

Du kennst mich. Du kennst mich wirklich.
Du suchst mich auch an den Orten,
wo ich dich nicht mitnehme.
Du reichst mir die Hand,
wenn ich mir selbst nicht
in die Augen schauen kann.
Du bleibst an meiner Seite,
trotz all meiner Fehltritte. Du, danke!

LUKAS 7,24–27

Montag

07

JULI

Der HERR dachte an uns,
als wir unterdrückt waren,
denn seine Güte währet ewiglich.

PSALM 136,23

Betet für mich,
dass mir das Wort gegeben werde,
wenn ich meinen Mund auftue,
freimütig das Geheimnis
des Evangeliums zu verkündigen,
dessen Bote ich bin in Ketten.

EPHESER 6,19–20

Herr, wir gedenken all derer, die unter
Verachtung und Ungerechtigkeit leiden;
unserer Brüder und Schwestern,
die gedemütigt werden und unterdrückt;
wir beten für die,
denen die Würde genommen wird,
für die Gefangenen, für die Gefolterten,
für die, denen das Recht verwehrt wird.
Deine Liebe und Barmherzigkeit
stärke sie allezeit.

GEBETSWOCHE FÜR DEN WELTFRIEDEN

Christinnen und Christen wissen um das Leiden bedrängter Geschwister im Glauben seit den frühesten Zeiten der Kirchengeschichte. Sie sind Glieder am einen Leibe Christi und leiden mit, wo andere Glieder verfolgt und diskriminiert werden. Deshalb fühlen sie sich zum Einsatz für bedrängte Geschwister im Glauben verpflichtet, auch weil sie das Leiden von Menschen als gegenwärtiges Leiden Christi selbst deuten.

3. ÖKUMENISCHER BERICHT
ZUR RELIGIONSFREIHEIT WELTWEIT

LUKAS 7,31–35

Mein Tag

Dienstag 08

JULI

Gott offenbart, was tief
und verborgen ist.

DANIEL 2,22

Jesus betete:
Gerechter Vater,
die Welt kennt dich nicht;
ich aber kenne dich,
und diese haben erkannt,
dass du mich gesandt hast.

JOHANNES 17,25

Welche Frage würdest du Gott gerne mal stellen?

Open the eyes of my heart, Lord,
open the eyes of my heart;
I want to see You!.

PAUL BALOCHE

LUKAS 7,36–50

Mittwoch

09

JULI

Mein Tag

Gleichwie ich über sie
gewacht habe,
auszureißen und einzureißen,
so will ich über sie wachen,
zu bauen und zu pflanzen,
spricht der HERR.

JEREMIA 31,28

Denn Gottes Gnade
ist sichtbar geworden,
mit der er alle Menschen retten will.
Sie bringt uns dazu,
dass wir uns von aller Gottlosigkeit
und allen selbstsüchtigen
Wünschen trennen,
stattdessen besonnen
und rechtschaffen hier
in dieser Welt leben,
so wie es Gott gefällt.

TITUS 2,11–12 HFA

Wir wirken, aber unser Wirken,
ist ein Mitwirken mit Gottes Wirken,
denn seine Gnade kommt uns zuvor.

AUGUSTINUS,
KIRCHENLEHRER IM 4./5. JAHRHUNDERT

Du stellst uns diese Welt zur Verfügung
wie in einen großen Garten. Gibst uns Werkzeug,
Samen und Verstand, legst uns Verantwortung
in die Hand. Sei der Gärtner an unserer Seite –
von dir wollen wir lernen zu pflanzen,
pflegen und bewahren,
damit wir auch in vielen Jahren
noch in einem Garten stehen!

LUKAS 8,1–3

Mein Tag

Donnerstag

10

JULI

Haltet meine Gebote
und tut danach;
ich bin der HERR.

3. MOSE 22,31

Wofür sind Gebote nützlich?

Wer mich liebt,
der wird mein Wort halten;
und mein Vater wird ihn lieben,
und wir werden zu ihm kommen
und Wohnung bei ihm nehmen.

JOHANNES 14,23

Herr, komm in mir wohnen,
lass mein' Geist auf Erden
dir ein Heiligtum noch werden;
komm, du nahes Wesen,
dich in mir verkläre,
dass ich dich stets lieb und ehre.
Wo ich geh, sitz und steh,
lass mich dich erblicken
und vor dir mich bücken.

GERHARD TERSTEEGEN

LUKAS 10,38–42

Freitag

11

JULI

Mein Tag

HERR, wenn ich an
deine ewigen Ordnungen denke,
so werde ich getröstet.

PSALM 119,52

Wir wissen:
Wenn unser irdisches Haus,
diese Hütte, abgebrochen wird,
so haben wir einen Bau,
von Gott erbaut, ein Haus,
nicht mit Händen gemacht,
das ewig ist im Himmel.

2. KORINTHER 5,1

Sehnsucht ist die Fähigkeit, den Himmel zu vermissen.

SUSANNE NIEMEYER

Baumhaus oder Apartment mit Dachterrasse,
Tiny House oder Mehrfamilienhaus mit großem Garten
Blockhütte am See oder vielleicht doch etwas ganz anderes
– ich bin gespannt, was du schon alles vorbereitet hast!

LUKAS 13,10–17

Mein Tag

Samstag 12 JULI

So spricht der HERR:
Ich habe dich erhört
zur Zeit der Gnade
und habe dir am Tage
des Heils geholfen.
JESAJA 49,8

Jetzt ist sie da, die ersehnte Zeit,
jetzt ist er da, der Tag der Rettung.
2. KORINTHER 6,2 ZB

In Gedanken lebe ich im Morgen.
Warte auf …
Wenn dann endlich …
Der Tag, an dem …
Wäre doch erst …
Du bist im Heute.
Hier.
Jetzt.
In diesem Augenblick.
Nur da können wir uns begegnen.

MARKUS 7,24–30

Sonntag

13

JULI

Mein Tag

HERR,
von Herzen verlangt mich
nach dir des Nachts, ja,
mit meinem Geist suche ich dich
am Morgen.

JESAJA 26,9

Am Morgen, noch vor Tage,
stand Jesus auf und ging hinaus.
Und er ging an eine einsame Stätte
und betete dort.

MARKUS 1,35

Das Gebet ist der Schlüssel für den Morgen und der Türriegel für den Abend.

MAHATMA GANDHI

Er weckt mich alle Morgen,
er weckt mir selbst das Ohr.
Gott hält sich nicht verborgen,
führt mir den Tag empor,
dass ich mit seinem Worte begrüß
das neue Licht.
Schon an der Dämmerung Pforte
ist er mir nah und spricht.

JOCHEN KLEPPER

JOHANNES 4,28–30.39–42

Mein Tag

Montag 14 JULI

Wo sind denn deine Götter,
die du dir gemacht hast?
Lass sie aufstehen; lass sehen,
ob sie dir helfen können
in deiner Not!
JEREMIA 2,28

Meine Geliebten,
flieht die Verehrung
der nichtigen Götter!
1. KORINTHER 10,14 ZB

Wenn die Kräfte nicht mehr reichen,
ich abrutsche oder daneben greife,
wenn Sturm aufkommt
und der Berg an Anforderungen unermess-
lich wird,
dann verlass ich mich auf dich, mein Gott.
Fang du mich auf.
Du allein bist meine Sicherheit.

JOHANNES 8,3–11

Dienstag 15 JULI

Salomo sprach:
Siehe, der Himmel
und aller Himmel
Himmel können dich nicht fassen –
wie sollte es dann dies Haus tun,
das ich gebaut habe?
1. KÖNIGE 8,27

Die Stunde kommt,
und sie ist jetzt da,
in der die wahren Beter in Geist
und Wahrheit
zum Vater beten werden.
JOHANNES 4,23 ZB

Wir bauen Mauern und Häuser
schaffen Systeme und Regeln,
um dich festzuhalten,
mit Begriffen festzunageln
und zu sagen:
Hier ist Gott. So ist Gott.
So redet man mit ihm.
Und du?
Übertriffst jede Erwartung.
Sprengst jeden Rahmen.
Stellst alle Darstellungen in den Schatten.
Schmunzelst über unsere kleindenkenden
Vorstellungen.

JOHANNES 20,11–18

Mein Tag

Mittwoch 16

JULI

Wenn der HERR
nicht die Stadt behütet,
so wacht der Wächter umsonst.

PSALM 127,1

Betet für die Regierenden
und für alle,
die Gewalt haben,
damit wir in Ruhe
und Frieden leben können,
in Ehrfurcht vor Gott
und in Rechtschaffenheit.

1. TIMOTHEUS 2,2 GN

5☆

Stell dir vor, du hast politische Verantwortung. Was könntest du brauchen?

1. Guten Schlaf
2. Kreative Ideen
3. Ein offenes Ohr für meine Mitmenschen
4. Vertrauen in meine Fähigkeiten
5. Rückendeckung und Respekt

Meine Top five:

____

____

____

____

____

Du Gott, ich stell mir das ganz schön anstrengend vor, in der Politik zu arbeiten. Durchdachte Entscheidungen treffen und es immer allen recht machen. Damit umgehen können, wenn trotzdem jeder meckert. Danke, dass es Menschen gibt, die diese Verantwortung übernehmen. Bitte mach sie stark, sich nicht von Macht verführen zu lassen und Vertrauen zu missbrauchen. Hilf ihnen, einen guten Job zu machen!

Amen.

LUKAS 8,4–15

Donnerstag

17

JULI

Heile du mich, HERR,
so werde ich heil;
hilf du mir, so ist mir geholfen.

JEREMIA 17,14

Damit ihr wisst,
dass der Menschensohn Vollmacht
hat auf Erden,
Sünden zu vergeben –
sprach Jesus zu dem Gelähmten:
Ich sage dir, steh auf,
nimm dein Bett und geh heim!
Und sogleich stand er auf
vor ihren Augen und nahm das Bett,
auf dem er gelegen hatte,
und ging heim und pries Gott.

LUKAS 5,24–25

Mein Tag

Gibt es Verletzungen in deinem Leben, die dich lähmen und heil werden möchten?

Mögest du dich nie schämen
weil etwas in deinem Leben zerbrochen ist.
Er ist gekommen
um die zerbrochenen Herzen zu heilen,
die Wunden zu küssen,
die Angst zu nehmen,
alle Verzweifelten aufzusammeln,
und er kommt in deine hoffnungsloseste und bitterste Stunde.
Niemand muss sich schämen
IHN
um Hilfe zu bitten.

TERESA ZUKIC

LUKAS 8,16–18

Mein Tag

Freitag 18 JULI

Wir sehen ein,
dass wir dir untreu waren,
unsere Vergehen stehen uns
vor Augen. HERR,
wir wollten nichts mehr
mit dir zu tun haben;
wir haben dich verleugnet.

JESAJA 59,12–13 HFA

Wenn jemand sündigt,
so haben wir einen Fürsprecher
bei dem Vater, Jesus Christus,
der gerecht ist.

1. JOHANNES 2,1

Immer wieder schlage ich die Tür zu.
Will nichts mehr mit dir zu tun haben. Mal mit einem lauten Knall.
Mal allmählich und ganz leise. Und du, auf der anderen Seite?
Du öffnest mir immer wieder. Wenn ich rufe, machst du auf.
Immer wieder. Das ist Gnade.

LUKAS 8,19–21

Samstag
19
JULI

Mein Tag

Meine Seele ist stille zu Gott,
der mir hilft.

PSALM 62,2

Es ist gerecht bei Gott,
dass er denen vergilt mit Bedrängnis,
die euch bedrängen, euch aber,
die ihr Bedrängnis leidet,
Ruhe gibt zusammen mit uns,
wenn der Herr Jesus offenbart
wird vom Himmel her.

2. THESSALONICHER 1,6–7

Vorsorge

Einer meiner Bekannten malt sich alle schlimmen Ereignisse, die ihm vielleicht zustoßen könnten, im Voraus genaustens aus, dann legt er sich zurecht, wie er sich in jeder Situation zu verhalten habe: bei einem Überfall, einer Feuersbrunst im Zug, einer Pleite im Geschäft, einer Verleumdung. Dadurch hat er tatsächlich eine Art Krisenfestigkeit erlangt. Er fühlt sich als ein Mann, der gegen alle möglichen Krankheiten geimpft und gegen alles Unglück versichert ist. Aber ist er deshalb glücklich und ruhig? Keineswegs! Denn er ist nur immerzu darauf bedacht, mögliche Bedrohungen sofort als solche zu erkennen. Ich kenne ein weit besseres Hilfsmittel. Es ist im Grunde dasselbe, das ein Kind anwendet, wenn man es in den dunklen Keller schickt: es singt laut. Damit zeigt es dem Unbekannten, dass es ihm etwas entgegenzusetzen hat: den Mut. Und Mut ist eine Form des Vertrauens. Nicht in die eigene Kraft, sondern in etwas, das uns beschützt.

LUISE RINSER

LUKAS 8,22–25

Mein Tag

Sonntag 20 JULI

Du bist ja doch unter uns,
HERR, und wir heißen
nach deinem Namen;
verlass uns nicht!
JEREMIA 14,9

In Antiochia wurden die Jünger
zuerst Christen genannt.
APOSTELGESCHICHTE 11,26

#Christen

Der Name »Christen« (wörtlich »Christianer«) kommt nach Apostelgeschichte 11,26 in Antiochia am Orontes auf, wo Paulus auf seiner ersten Missionsreise ein Jahr lang wirkte. [...] Im Neuen Testament kommt der Begriff nur dreimal vor. In Apostelgeschichte 26,28 wird er von König Herodes Agrippa II. gebraucht. Das deutet darauf hin, dass er ursprünglich keine Selbstbezeichnung der Jesus-Anhänger war, sondern erst im Laufe der Zeit dazu wurde. Dies scheint allerdings relativ schnell geschehen zu sein. Jedenfalls heißt es in 1. Petrus 4,16, dass es schon ausreichte, als »Christ« bezeichnet zu werden, um ausgegrenzt und verfolgt zu werden.

SACHERKLÄRUNGEN DER BASISBIBEL

Lass uns erkennbar sein,
nicht äußerlich, nicht daran,
wie wir genannt werden,
sondern durch unser Wesen,
unsere Worte, unsere Taten
mach uns zu unverwechselbare
Markenzeichen
unser Leben soll dein Logo tragen

LUKAS 8,26–33

Montag 21 JULI

Mein Tag

Friede, Friede denen in der Ferne
und denen in der Nähe,
spricht der HERR;
ich will sie heilen.

JESAJA 57,19

Gott hat das Wort
dem Volk Israel gesandt
und Frieden verkündigt
durch Jesus Christus,
welcher ist Herr über alles.

APOSTELGESCHICHTE 10,36

Such dir eine Meldung über ein aktuelles Kriegsgeschehen und bete für Frieden und die Menschen vor Ort!

Ich bitte dich um Licht für alle Menschen,
die Guten und die Bösen,
um Frieden bitte ich dich für eine heillose Welt,
um Erbarmen für eine Welt des Hasses.
Sei du uns nahe, damit wir dir nahe sind.
Heile uns, geleite uns, segne uns.

JÖRG ZINK

LUKAS 8,34–39

Mein Tag

Dienstag 22 JULI

Ehe ich mich beugte,
ging ich in die Irre,
nun aber halte ich dein Wort.

PSALM 119,67 ZB

Jesus spricht zu Simon Petrus:
Simon, Sohn des Johannes,
hast du mich lieb?
Er spricht zu ihm:
Ja, Herr, du weißt,
dass ich dich lieb habe.
Spricht Jesus zu ihm:
Weide meine Schafe!

JOHANNES 21,16

Mensch sein heißt Fehler machen.

VIKTOR EMIL FRANKL,
NEUROLOGE UND PSYCHIATER

Dreimal werde ich schwach. Dreimal leugne ich dich.
Dreimal fragst du mich nur: »Liebst du mich?«
Du weißt alles, Herr, du weißt, dass ich dich liebe.
Selbst wenn alles fällt, so weiß ich doch, ich bliebe
in deiner Liebe.

ALBERT FREY

LUKAS 8,40–48

Mittwoch

23

JULI

Mein Tag

Der HERR führte mich
hinaus ins Weite,
er befreite mich,
denn er hat Gefallen an mir.

PSALM 18,20 ZB

Durch Gottes Gnade bin ich,
was ich bin.
Und seine Gnade an mir
ist nicht vergeblich gewesen.

1. KORINTHER 15,10

Endlich wieder:
singen
Neues wagen
lachen
nach vorne schauen
aufrecht stehen
Freude spüren
heil werden

____

____

das bewirkt deine Gnade in mir!

LUKAS 8,49–56

Mein Tag

Donnerstag

24
JULI

Höre mein Gebet,
Herr, und vernimm mein Schreien,
schweige nicht zu meinen Tränen.
PSALM 39,13

Eine Sünderin trat von hinten
zu Jesu Füßen, weinte und fing an,
seine Füße mit Tränen zu netzen
und mit den Haaren ihres Hauptes
zu trocknen, und küsste seine Füße
und salbte sie mit dem Salböl.
Jesus aber sprach zu der Frau:
Dein Glaube hat dir geholfen;
geh hin in Frieden!
LUKAS 7,38.50

Gibt es Tränen, die du bisher zurückgehalten hast? Wo dürfen sie endlich geweint werden? Thomas von Aquin hat es mal so beschrieben: Durch das Weinen fließt die Traurigkeit aus unserer Seele heraus.

auf die ebbe der verzweiflung
folgt die flut
ozean meiner tränen
gott
du mond der gezeiten
deine gegenwart macht mich heil
PHILIPPA KALKBRENNER

LUKAS 9,1–6

Freitag

25

JULI

Gott,
wir haben mit unsern Ohren gehört,
unsre Väter haben's uns erzählt,
was du getan hast zu ihren Zeiten,
vor alters.

PSALM 44,2

Denn es wird eine Zeit kommen,
in der sie die unverfälschte Lehre
nicht mehr ertragen wollen.
Vielmehr werden sie sich
immer neue Lehrer suchen,
die ihren Bedürfnissen
entgegenkommen
und ihren Ohren schmeicheln.

2. TIMOTHEUS 4,3 BB

Kopfhörer auf und Play!
Welchen Podcast höre ich mir jetzt an?
Was kommt auf meine Playlist?
Wer gehört zu meinen Favoriten?
So viele Möglichkeiten – wem will ich wirklich zuhören?
Welche Gedanken dürfen mich inspirieren?
Was bringt mich näher zu dir, Gott?

LUKAS 9,10–17

Mein Tag

Samstag 26 JULI

Ich will euch heimsuchen,
spricht der HERR,
nach der Frucht eures Tuns.
JEREMIA 21,14

Wo kann ich heute mit scheinbar
unspektakulären Taten Liebe verbreiten?
Ich google »random acts of kindness«
und siehe da, jede Menge Ideen:
Mache jemandem ein konkretes Kompliment.
Halte die Tür auf. Verschicke eine Postkarte.
Lass in der Supermarktschlange
die wartende Person hinter dir vor.
Gib deinen Sitzplatz im Bus an eine andere
Person ab ...
Was könnte ich davon ausprobieren?

Sein Herr sagte zu ihm:
Gut gemacht! Du bist ein tüchtiger
und treuer Diener.
Du hast dich bei dem Wenigen
als zuverlässig erwiesen.
Darum werde ich dir viel anvertrauen.
Komm herein!
Du sollst beim Freudenfest
deines Herrn dabei sein!
MATTHÄUS 25,21 BB

Lass mich nicht müde werden
mit den vielen kleinen Dingen
den großen Unterschied zu machen

LUKAS 9,18–22

Sonntag 27 Juli

Mein Tag

Der HERR wird
seinem Volk Kraft geben.

PSALM 29,11

Gott hat uns nicht gegeben
den Geist der Furcht,
sondern der Kraft
und der Liebe und der Besonnenheit.

2. TIMOTHEUS 1,7

Begeisternder Gott, sei bei mir,
fülle mein Leben mit deiner Gegenwart,
sei bei mir als Mut, wenn ich mutlos bin,
komme zu mir als Kraft, wenn ich schwach bin,
schenke mir Vertrauen, wenn ich an mir zweifle,
lass mich dich in den anderen sehen und finden,
hilf mir, mich einzulassen auf deine Nähe,
schenke mir deine Liebe und spüre sie,
wenn ich sie dir zurückgebe.

GUIDO ERBRICH

LUKAS 9,23–27

Mein Tag

Montag 28 Juli

Du sollst den Namen des Herrn,
deines Gottes, nicht missbrauchen;
denn der Herr
wird den nicht ungestraft lassen,
der seinen Namen missbraucht.

2. Mose 20,7

Unser Vater im Himmel!
Dein Name werde geheiligt.

Matthäus 6,9

Wie ist dein Name?

Gott,
Du hast so viele Namen:
Ruach – Geistkraft
Feuer
Quelle
Vater
Mutter
Lebendige
Ewiger
Der Name
Ich bin
Immanuel – der mit uns geht
Bruder
Herr
Sanftes, leises Säuseln
Licht
Der Weg, die Wahrheit und das Leben
Brot des Lebens
Freundin
...
Welchen Namen hast Du für mich? Heute?
Wie kann ich dich finden, dir begegnen?
Wie bist Du an meiner Seite?
Lass mich dich spüren, Gott!

Amen.

Janina Adler

Lukas 9,28–36

Dienstag

29

JULI

Mein Tag

HERR,
erhebe dich in deiner Kraft,
so wollen wir singen
und loben deine Macht.

PSALM 21,14

Als Jesus schon nahe am Abhang
des Ölbergs war,
fing die ganze Menge der Jünger an,
mit Freuden Gott zu loben
mit lauter Stimme über alle Taten,
die sie gesehen hatten.

LUKAS 19,37

Dabei habe ich Gott diese Woche auf frischer Tat ertappt:

1. ______
2. ______
3. ______
4. ______
5. ______

Halleluja
für diese Momentaufnahmen
Schätze in unserem Alltag
Fingerzeichen deiner Größe!

LUKAS 9,37–43A

Mein Tag

Mittwoch 30 JULI

Behalte meine Gebote,
so wirst du leben,
und hüte meine Weisung
wie deinen Augapfel.
SPRÜCHE 7,2

Da sagte der junge Mann zu Jesus:
Das alles habe ich befolgt.
Was fehlt mir noch?
MATTHÄUS 19,20 ZB

Ich habe die Gesetze der Akustik zu achten, denn sie sind Unterweisung, Lehre und Führung zum guten Klang. Nur derjenige, dem der Klang gleichgültig ist, wird sich über dessen Gesetze hinwegsetzen. Wenn ich die Gesetze der Akustik achte, so geschieht dies also nicht um ihrer selbst willen, sondern um des Klanges willen, den ich schaffen will. So ist es auch mit der Thora. Ihr geht es nicht um sich selbst, sondern um den Klang, zu dem wir berufen sind: die Gerechtigkeit! […] d. h. die Stimmigkeit unseres Lebens. Ein »klingender Mensch« ist kein Knecht, sondern ein Diener. Er dient Gott – nicht weil er es muss und nicht weil es ihm nützt, sondern weil er es will.

MARTIN SCHLESKE, GEIGENBAUER UND AUTOR

Gott, du Dirigentin des Lebens,
bring mein Leben zum klingen.
Hilf mir, die Melodie meines Lebens
zu entdecken
und mach, dass auch die schiefen,
nicht gelungenen Töne
einen Platz darin finden.
ANGELIKA FITZNER

LUKAS 9,46–48

Donnerstag

31

JULI

Mein Tag

So hoch der Himmel
über der Erde ist,
lässt er seine Gnade walten
über denen, die ihn fürchten.

PSALM 103,11

Wo aber die Sünde
ihr volles Maß erreicht hatte,
da wuchs die Gnade
über alles Maß hinaus.
Wie die Sünde ihre Macht ausübte,
indem sie den Tod brachte,
so wird die Gnade ihre Macht ausüben,
indem sie uns vor Gott bestehen lässt
und zum ewigen Leben führt.
Das verdanken wir Jesus Christus,
unserem Herrn.

RÖMER 5,20–21 GN

Die Gnade erfasst alles und lässt keinen Winkel frei.

ANTONIUS VON PADUA,
PRIESTER IM 13. JAHRHUNDERT

Gott, die Liste an Einwänden gegen mich wird immer länger in meinem Kopf. Die Stimmen, die mich abwerten, werden immer lauter. Lass nicht zu, dass sie das letzte Wort haben. Lass nicht gelten, was ich selbst immer wieder gegen mich vorbringe. Lass mich glauben und erleben, dass deine Gnade alles ist, was ich brauche. Hilf mir, mich selbst mit deinen Augen zu sehen: einen Menschen, den du liebst.

Amen.

LUKAS 9,51–56

08

25

August

Gottes Hilfe habe ich erfahren bis zum heutigen Tag und stehe nun hier und bin sein Zeuge.

APOSTELGESCHICHTE 26,22

	04	11	18	25	MONTAG
	05	12	19	26	DIENSTAG
	06	13	20	27	MITTWOCH
	07	14	21	28	DONNERSTAG
01	08	15	22	29	FREITAG
02	09	16	23	30	SAMSTAG
03	10	17	24	31	SONNTAG

Freitag

01

AUGUST

BUNDESFEIER CH

Mein Tag

Bist du es nicht, HERR, unser Gott,
auf den wir hoffen?

JEREMIA 14,22

Gott hat uns ewiges Leben gegeben,
und wir erhalten dieses Leben
durch seinen Sohn.

1. JOHANNES 5,11

Gott ist der Kern,
den niemand zerstören kann.
Gott wohnt, habe ich gehört,
knapp unter meinem Zwerchfell,
dort, wo es den Atem hinzieht.
Manchmal folge ich ihm.
Dort ist es warm und hell.
Wenn alles stürmt,
ist es der einzige Ort,
an dem es ganz still ist.

SUSANNE NIEMEYER

Jesus,
was ich in dir habe,
kann mir niemand mehr nehmen,
danke!

LUKAS 9,57–62

Mein Tag

Samstag 02 AUGUST

Denke keiner gegen seinen Bruder
etwas Arges in seinem Herzen!
SACHARJA 7,10

Euch allen sage ich:
Haltet in derselben Gesinnung
zusammen und habt Mitgefühl
füreinander!
Liebt euch gegenseitig als Brüder
und Schwestern!
Seid gütig und zuvorkommend
zueinander!
1. PETRUS 3,8 GN

Lass uns als geliebte Unikate deiner Sammlung,
gut übereinander denken und reden.
Darauf achthaben, dass kein unersetzbares Einzelstück verloren geht,
denn nur gemeinsam ergeben wir das große Ganze.

LUKAS 10,1–2

Mein Tag

Sonntag 03

AUGUST

Der HERR spricht:
Ich will dich unterweisen und dir den Weg zeigen, den du gehen sollst.
PSALM 32,8

Jesus spricht:
Folge du mir nach!
JOHANNES 21,22

Jesus, ich seh einfach keinen Weg und ich weiß auch nicht, wo ich am Ende rauskommen soll.
Kannst du mir bitte den nächsten Schritt zeigen?
Und danach den nächsten? Und immer so weiter?

LUKAS 10,3–12

Mein Tag

Montag

04

AUGUST

Der HERR ist ein Gott des Rechts.
Wohl allen, die auf ihn harren!

JESAJA 30,18

Wenn es jemandem
unter euch an Weisheit mangelt,
so bitte er Gott, der jedermann gern
und ohne Vorwurf gibt;
so wird sie ihm gegeben werden.

JAKOBUS 1,5

Du an meiner Seite,
meine Hilfe beim Navigieren,
mein Orientierungspunkt und Ratgeber.
Hab ich auch das Gefühl, mal falsch abgebogen
zu sein,
sagst du: Die Route wird neu berechnet.
Wie gut!

LUKAS 10,17–20

Dienstag

05

AUGUST

Mein Tag

Der HERR sprach zu Mose:
Du sollst alles reden,
was ich dir gebieten werde.

2. MOSE 7,1.2

Verkünde den Menschen
das Wort Gottes. Tritt dafür ein,
ob es ihnen gelegen kommt
oder ungelegen.
Ziehe sie zur Rechenschaft,
weise sie zurecht und ermutige sie.
Tu das mit aller Geduld
und wie die Lehre es fordert.

2. TIMOTHEUS 4,2 BB

Die größte Macht hat das richtige Wort zur richtigen Zeit.

MARK TWAIN

Gib du mir Worte,
die wie gute Samen
neue Hoffnung aufkeimen lassen
Zuspruch und Wegweisung geben,
wo nötig die zur
rechten Zeit aufblühen.

LUKAS 10,21–24

Mittwoch

06

AUGUST

Ich will dem HERRN singen,
denn er ist hoch erhaben.

2. MOSE 15,1

Ich will beten mit dem Geist
und will auch beten mit dem Verstand;
ich will Psalmen singen
mit dem Geist
und will auch Psalmen singen
mit dem Verstand.

1. KORINTHER 14,15

Erstell dir eine Playlist mit Liedern, mit denen du gerne Gott lobst!

Mit allem, was ich bin, will ich dich loben.
Mit meiner Stimme ruf ich aus: »Du bist treu!«
Mit allem, was ich bin, will ich dich lieben.
Von Herzen sing dich dir, denn du bist mein Gott!

BEN LÜTKE

LUKAS 10,25–28

Donnerstag

07
AUGUST

Ihr erwartet wohl viel,
aber siehe, es wird wenig;
und wenn ihr's schon heimbringt,
so blase ich's weg. Warum das?,
spricht der HERR Zebaoth.
Weil mein Haus so wüst dasteht;
ihr aber eilt,
ein jeder für sein Haus zu sorgen.

HAGGAI 1,9

Alles eine Frage der Prioritäten!

Jesus sprach:
Weh euch Pharisäern!
Denn ihr gebt den Zehnten
von Minze und Raute und allem Kraut
und geht vorbei am Recht
und an der Liebe Gottes.
Doch dies sollte man tun
und jenes nicht lassen.

LUKAS 11,42

Sag mir, mein Gott,
wenn ich mal wieder
an Luftschlössern baue
mich in lauter Aktivitäten verliere
auf fremden Boden versuche zu ackern
mich mühe und doch nichts gewinne.
Sag mir, mein Gott,
wo wächst dein Haus
aus Liebe und Recht?
Wie kann ich daran mitbauen?

LUKAS 10,29–37

Mein Tag

Freitag 08 August

Ich habe mir vorgenommen:
Ich will mich hüten,
dass ich nicht sündige
mit meiner Zunge.
PSALM 39,2

Aus e i n e m Munde kommt Loben
und Fluchen. Das soll nicht so sein,
meine Brüder und Schwestern.
JAKOBUS 3,10

Good to know

Großes Thema im Jakobusbrief ist die Macht der Zunge. Sie kann als kleiner Teil des Körpers doch große Dinge vollbringen – gute sowie schlechte. Jakobus vergleicht sie mit einem Feuer, das außer Kontrolle geraten kann. Manchmal sei es sogar leichter, ein wildes Tier zu bändigen, als auf das eigene Reden zu achten.

Gelästert.
Misstrauen gesät.
Geheimnisse ausgeplaudert.
Beleidigt.
Verletzt.
Vertrauen, Motivation und Hoffnung zerstört.
So schnell ist es geschehen.
Manchmal völlig unbedacht.
Es tut mir leid.

LUKAS 11,1–4

Samstag

09

AUGUST

Tut von euch die fremden Götter,
die unter euch sind,
und neigt euer Herz zu dem HERRN.

JOSUA 24,23

Paulus sagt:
Ich habe nichts verschwiegen,
was für euch wichtig ist.
Ich habe Juden
und Griechen beschworen,
zu Gott umzukehren und an Jesus,
unseren Herrn, zu glauben.

APOSTELGESCHICHTE 20,20.21

Du
da bin ich
möchte nah sein
dir und mir
dem Leben
unter dem Schatten deiner Flügel
Zuflucht finden

zeig mir
was mich trennt
zeig mir
wo ich meine Sehnsucht mit den
falschen Dinge füttere

den Weg verbaue, den ich suche
gib mir Mut
zu lauschen und zu lieben
zu verzeihen
auch mir selbst
in der Tiefe
mich wandeln zu lassen

Du
nimmst meine Angst, meine Schatten
Scham und Schuld
erlöse, erleuchte, wandle das Dunkel

gib mir ein Herz
das deine Stimme hört
sich tragen lässt
ins Licht
Amen.

MELANIE KIRSCHSTEIN

LUKAS 11,5–8

Mein Tag

Sonntag

10

AUGUST

Der HERR segne dich
und behüte dich.

4. MOSE 6,24

Seid gewiss:
Ich bin bei euch alle Tage
bis an der Welt Ende.

MATTHÄUS 28,20 ZB

Segen
begleite deinen Weg
Licht führe dich durch jedes Dunkel
warm sei dein Herz
und dein Bett
und dein Leben

HANNA BUITING

LUKAS 11,9–13

Mein Tag

Montag

11

AUGUST

Wer des HERRN Namen anrufen wird,
der soll errettet werden.

JOEL 3,5

Jesus antwortete:
Passt auf und lasst euch nicht
in die Irre führen.
Viele werden unter meinem Namen
auftreten und behaupten:
Ich bin es!
Und: Die von Gott bestimmte Zeit
ist da!
Lauft ihnen nicht nach!

LUKAS 21,8 BB

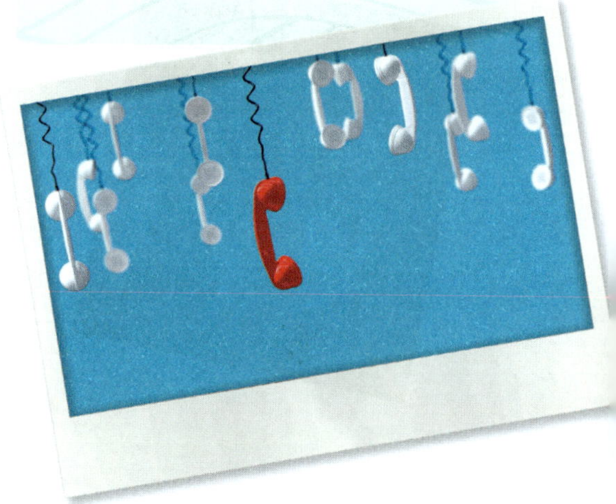

Du, die Stimme,
die mich ruft.
Lass mich dich erkennen
unter den vielen.

PSALM 145,13–21

Mein Tag

Dienstag 12 AUGUST

Der HERR lebt!
Gelobt sei mein Fels!
PSALM 18,47

Jesus sprach zu ihnen:
So steht's geschrieben,
dass der Christus leiden wird
und auferstehen von den Toten
am dritten Tage.
LUKAS 24,46

Woran merkst du, dass Gott nicht tot ist?

Du Lebendiger
Du bist stärker als der Tod
Ich strecke Dir jeden Tod entgegen
die lähmende Einsamkeit
die zerbrochene Beziehung
die bodenlose Traurigkeit
das geistlose Dahinsiechen
das schreckliche Elend
die schmerzliche Trennung
das erschütternde Unglück
das Sterben der Lieben
den eigenen Tod
Sei Du das Leben in jedem Tod
Setz Du immer wieder einen neuen Anfang des Lebens
ANTON ROTZETTER

LUKAS 12,1–7

Mittwoch

13

AUGUST

Mein Tag

Gottes Wahrheit ist
Schirm und Schild.

PSALM 91,4

Wer sich bei dem, was er tut,
nach der Wahrheit richtet,
tritt ins Licht.
Seine Taten sollen bekannt werden,
denn Gott selbst bestimmt
sein Handeln.

JOHANNES 3,21 BB

Man sollte dem anderen die Wahrheit wie einen Mantel hinhalten, dass er hineinschlüpfen kann, und sie ihm nicht wie einen nassen Lappen um die Ohren schlagen.

MAX FRISCH, SCHRIFTSTELLER UND ARCHITEKT IM 20. JAHRHUNDERT

Von der Feigheit, die sich neuen Wahrheiten
nicht zu stellen wagt,
von der Faulheit,
die sich mit Halbwahrheiten zufrieden gibt.
Von der Arroganz,
die glaubt, dass sie die ganze Wahrheit kennt,
Guter Gott, erlöse mich.

BREAD FOR TOMORROW, KENIA

LUKAS 12,13–21

Mein Tag

Donnerstag

14

AUGUST

Der HERR sprach:
Ich habe vergeben,
wie du es erbeten hast.
4. MOSE 14,20

Wenn ihr steht und betet,
so vergebt, wenn ihr etwas
gegen jemanden habt,
damit auch euer Vater im Himmel
euch vergebe eure Übertretungen.
MARKUS 11,25

Wie ein Fest nach langer Trauer,
wie ein Feuer in der Nacht,
ein offnes Tor in einer Mauer,
für die Sonne aufgemacht.
Wie ein Brief nach langem Schweigen,
wie ein unverhoffter Gruß,
wie ein Blatt an toten Zweigen,
ein »Ich-mag-dich-trotzdem-Kuss«
So ist Versöhnung.
So muss der wahre Friede sein.
So ist Versöhnung.
So ist Vergeben und Verzeihn.
JÜRGEN WERTH

Gott,

wie ______________________________

So ist deine Vergebung für mich.

LUKAS 12,22–32

Mein Tag

Freitag 15 AUGUST

Ich will dich loben
mein Leben lang
und meine Hände
in deinem Namen aufheben.
PSALM 63,5

Das ganze Volk sah
den Geheilten umhergehen
und Gott loben.
APOSTELGESCHICHTE 3,9 ZB

Sie durfte das Wunder erleben.
Bei ihr hast du eingegriffen und dich gezeigt -
und bei mir?
Sie ist wieder fröhlich
und kann dich aus vollem Herzen loben – und ich?
Ich steh daneben und schau zu. Ich will auch – fröhlich sein,
mich mitfreuen, dich loben, Dankbarkeit spüren.
Hilf mir dabei. Zeig mir, wofür auch ich dich loben kann!

Amen.

LUKAS 12,33–34

Mein Tag

Samstag

16

AUGUST

Wenn du Gutes im Sinn hast,
kannst du doch jedem
offen ins Gesicht sehen.
Wenn du jedoch Böses planst,
dann lauert die Sünde schon
vor deiner Tür.
Sie will dich zu Fall bringen,
du aber beherrsche sie!

1. MOSE 4,7 HFA

Als Judas, der Jesus verraten hatte,
sah, dass er zum Tode verurteilt war,
reute es ihn, und er brachte
die dreißig Silberlinge
den Hohenpriestern und Ältesten
zurück und sprach:
Ich habe gesündigt,
unschuldiges Blut habe ich verraten.

MATTHÄUS 27,3–4

Dem Bösen nicht einfach ausgeliefert,
sondern wir dürfen entscheiden:
Öffnen wir die Tür?
Oder ignorieren wir das Klopfen?
Jeder ist selbst verantwortlich,
das ist unsere Freiheit,
das ist unsere Würde.

Gott, ich brauch mal wieder einen Mutanfall,
dass ich nicht klein beigebe,
sondern aufstehe
und meine Stimme erhebe gegen alles,
was Leben zerstört!

LUKAS 12,35–40

Sonntag 17 August

Unser Leben dauert etwa 70 Jahre,
und wenn wir bei Kräften sind,
auch 80 Jahre.
Das meiste daran ist nur Arbeit
und vergebliche Mühe.
Schnell ist es vorüber,
im Flug sind wir dahin.

PSALM 90,10 BB

Christus möchte ich erkennen
und die Kraft seiner Auferstehung.

PHILIPPER 3,10

Schreibe eine Ansprache zu deinem 80. Geburtstag. Was wäre dir wichtig, was über dich und dein Leben gesagt wird?

Jesus,
ich lebe so oft im »Wenn« und »Dann«.
Wenn erst der Schulabschluss geschafft,
ein guter Job begonnen, die Aufgabe erledigt,
die Welt ein Stück verbessert,
die Liebe fürs Leben gefunden
– dann fühle ich mich erfüllt. Dann bin ich bereit.
Dann beginnt das richtige Leben.
Ich merke, wie ich dabei so viel verpasse.
Besonders dich!
Ich will dich und deine Kraft heute schon erleben!

LUKAS 12,41–48

Montag 18 August

Machet kund unter
den Völkern sein Tun, verkündiget,
wie sein Name so hoch ist!

JESAJA 12,4

Geht nun hin
und macht alle Völker zu Jüngern:
Tauft sie auf den Namen des Vaters
und des Sohnes
und des heiligen Geistes,
und lehrt sie alles halten,
was ich euch geboten habe.

MATTHÄUS 28,19–20 ZB

Geh hinaus, geh hinaus,
trag die Hoffnung weiter!
Leuchte hell,
leuchte hell in dunkler Nacht.
Teil es aus, teil es aus,
trag die Nachricht weiter!
Ruf hinaus, ruf hinaus, was dich bewegt.

C. UND H. HALMEN

Wie sah Mission früher aus? Und wie kann sie heute aussehen?

Hier gibts mehr Infos über die Missionsgeschichte der Herrnhuter Brüdergemeine: www.ebu.de/mission/missionsgeschichte

LUKAS 13,6–9

Dienstag 19 AUGUST

Der Himmel wird
wie ein Rauch vergehen
und die Erde wie ein Kleid zerfallen,
und die darauf wohnen,
werden wie Mücken dahinsterben.
Aber mein Heil bleibt ewiglich.

JESAJA 51,6

Wenn aber kommen
wird das Vollkommene,
so wird das Stückwerk aufhören.

1. KORINTHER 13,10

Ich sehne mich nach einem Ort
Wo alles Leid ein Ende hat
Denn was ich mit den Augen seh
Kann meine Seele nicht verstehn
Die Ewigkeit ist mein Zuhause
Du hast sie mir ins Herz gelegt
Auch wenn ich sterben werde, weiß ich
Dass meine Seele ewig lebt
Und diese Hoffnung wird mich tragen
Bis ich dir gegenüber steh

N. NILKENS/M. FRIESEN

LUKAS 13,18–21

Mein Tag

Mittwoch

20

AUGUST

Nur Hauch sind die Menschen,
Trug die Sterblichen.
Auf der Waage schnellen sie empor,
allesamt leichter als Hauch.

PSALM 62,10 ZB

Sammelt euch Schätze im Himmel,
wo weder Motten noch Rost
sie fressen und wo Diebe
nicht einbrechen
und stehlen.
Denn wo dein Schatz ist,
da ist auch dein Herz.

MATTHÄUS 6,20–21

Flohmarkt – immer wieder einen Besuch wert! Was sich auf so engem Raum für alte Schätze verstecken! Was Menschen alles gesammelt und aufgehoben haben! Dinge, die vielleicht am Ende ihres Lebens in ihrer Wohnung gefunden wurden und jetzt hier gelandet sind. Was wäre, wenn hier unvergängliche Schätze sichtbar würden? Der Besuch bei der kranken Nachbarin, die aufmunternden Worte, das liebevoll zubereitete Essen für Gäste, das Gebet für die Freundin, die Spende für Hilfsgüter, ... Was würdest du sammeln?

Leben ist jetzt!
Wirf alle Bedenken in die Luft!
Sei wer du bist!
Gib was du hast!

LUKAS 14,1–6

Donnerstag

21

AUGUST

Mein Tag

Gott spricht:
Im Schweiß deines Angesichts
wirst du dein Brot essen,
bis du zum Erdboden zurückkehrst,
denn von ihm bist du genommen.
Denn Staub bist du,
und zum Staub kehrst du zurück.

1. MOSE 3,19 ZB

Wer auf den Boden
seiner selbstsüchtigen Natur sät,
wird von seiner Selbstsucht
das Verderben ernten.
Aber wer auf den Boden
von Gottes Geist sät,
wird von diesem Geist
das ewige Leben ernten.

GALATER 6,8 BB

Manchmal ist das Leben wirklich harte Arbeit.
Danke, Gott, für das, was ich kann.
Danke für kleine und größere Erfolge.
Hilf mir, wenn ich aufgeben will.
Hilf auch, dass ich meine Energie nicht für
Dinge verschwende, die es nicht wert sind.

LUKAS 14,7–14

Mein Tag

Freitag 22 August

Nehmt euch in acht bei eurem Tun,
denn beim HERRN, unserem Gott,
gibt es keine Ungerechtigkeit
und kein Ansehen der Person
und keine Bestechlichkeit.

2. CHRONIK 19,7 ZB

Prüft, was dem Herrn
wohlgefällig ist.

EPHESER 5,10

Gottes Willen zu entdecken bedeutet, Zugang zu einer Welt zu erhalten, wie Sie sie noch nie gesehen haben.

MAX LUCADO, BUCHAUTOR UND PASTOR

Gerechter und gütiger Gott,
in deiner Schöpfungsordnung
ist genug Lebensraum
für jeden Menschen vorgesehen.
Wir aber neigen dazu, Grenzen
zu überschreiten und mehr zu nehmen,
als uns zusteht.
Lass uns verstehen,
wo wir uns auf Kosten
anderer bereichern, und hilf uns,
radikal andere Wege zu gehen.

Amen.

ANGELA LOHAUSEN, MISEREOR

LUKAS 14,15–24

Samstag 23 AUGUST

Mit deinen Sünden hast du
es mir wahrlich schwer gemacht,
mit deinen Verschuldungen
hast du mich ermüdet.
Ich, ich bin es,
der deine Vergehen tilgt,
um meinetwillen,
und an deine Sünden
werde ich nicht mehr denken.

JESAJA 43,24–25 ZB

Jesus antwortete ihnen:
Mein Vater wirkt bis auf diesen Tag,
und ich wirke auch.

JOHANNES 5,17

*Über allem Vergangenen
steht Gottes Güte
und Gottes Vergebung.*

DIETRICH BONHOEFFER

Mein Herz ist schwer
und mein Lebensmut sinkt
wenn alles aus dem Ruder läuft
und ich sehe, wie ich andere verletze
Du siehst das und siehst mich trotzdem weiter an –
Es ist nicht zu spät, bei dir niemals
Zieh mich an dich, Gott
Kyrie eleison, erbarme dich

amen

SUSANNE NIEMEYER/MATTHIAS LEMME

LUKAS 14,28–33

Mein Tag

Jemand kennt mich gut, wenn er/sie …

1. … sagt, was ich denke, bevor ich es ausgesprochen habe
2. … merkt, wenn es mir schlecht geht
3. … mein Lieblingsessen kennt
4. … meine Handynummer auswendig weiß
5. … mich schnell zum Lachen bringt

Meine Top five:

____

____

____

____

____

LUKAS 15,1–10

Sonntag 24 AUGUST

Wir, dein Volk,
die Schafe deiner Weide,
danken dir ewiglich
und verkünden deinen Ruhm
für und für.

PSALM 79,13

Jesus spricht:
Ich bin der gute Hirte
und kenne die Meinen
und die Meinen kennen mich.

JOHANNES 10,14

Herr, mein Gott:
Wie der Fisch nicht
ohne Wasser leben kann,
so kann ich nicht ohne Dich leben.
Du hast mich erschaffen,
Du erhältst mein Leben.

Heute komme ich, Dir zu danken
für das Leben,
das Du mir ständig neu schenkst.
Ich komme, Dir zu danken,
Dir zu sagen, wie sehr ich das Leben liebe.

NACH EINEM GEBET AUS OBERVOLTA

Montag

25

AUGUST

Mein Tag

Wenn du auf die Stimme des HERRN,
deines Gottes, hörst:
Gesegnet bist du in der Stadt,
und gesegnet bist du auf dem Feld.

5. MOSE 28,2–3 ZB

Wenn ihr ihn bittet,
wird er euch doch nichts geben.
Denn ihr verfolgt üble Absichten:
Es geht euch nur darum,
eure selbstsüchtigen Wünsche
zu erfüllen.

JAKOBUS 4,3 HFA

Wie ein Kind seine Eltern so darf ich
dich um alles bitten. Und gleichzeitig vertrauen,
dass du am besten weißt,
was gut für mich und die Menschen um mich herum ist.
Und wann. Und wie viel.
Hilf mir, deine Stimme in all meinen Wünschen zu hören.

Amen.

LUKAS 15,11–24

Mein Tag

Dienstag

26

AUGUST

Der HERR behütet dich;
der HERR ist dein Schatten
über deiner rechten Hand,
dass dich des Tages die Sonne
nicht steche
noch der Mond des Nachts.

PSALM 121,5–6

An Gottes Segen ist alles gelegen.

DEUTSCHES SPRICHWORT

Gnade sei mit euch
und Friede von Gott, unserm Vater,
und dem Herrn Jesus Christus!

PHILEMON 3

Sag, wer hat die ganze Nacht über meinem Schlaf gewacht?
Spüre, wie das Sonnenlicht heimlich durch den Nebel bricht.
Höre, wie der Spatz mir singt: »Alter Zweifler, sorg dich nicht.
Glaub mir, Gott hat alle Macht und ist mächtig stolz auf dich.«
Neuer Tag, neues Glück. Ich schau mutig voran und dankbar zurück

S. HARFST/C-P. EBERWEIN/S. JERSAK

LUKAS 15,25–32

Mittwoch

27

AUGUST

Mein Tag

Wen der HERR liebt,
den weist er zurecht,
und hat doch Wohlgefallen
an ihm wie ein Vater am Sohn.

SPRÜCHE 3,12

Der Vater sprach zum älteren Sohn:
Feiern muss man jetzt
und sich freuen,
denn dieser dein Bruder war tot
und ist lebendig geworden,
war verloren
und ist gefunden worden.

LUKAS 15,32 ZB

Gemeindefest

Nach der Predigt über
die beiden verlorenen Söhne
sprach die Eine,
»Und wieder mussten wir
Alten alles tun!«
sprach der Andere
»Und die es betraf,
waren gar nicht da.«
dachte ich selbst:
»Euch hab ich erwischt!«
Wie weit ist der Weg
zu Gottes Feier
mit allen!

BENIGNA CARSTENS

Auch wenn meine Wege oft wenig friedlich
gehst du unermüdlich
getrieben von unendlicher Liebe
mir nach

LUKAS 16,10–13

Mein Tag

Donnerstag

28

AUGUST

Du wirst sein eine schöne Krone
in der Hand des HERRN
und ein königlicher Reif
in der Hand deines Gottes.
JESAJA 62,3

Jesus sprach:
Setz dich lieber auf den letzten Platz,
wenn du eingeladen bist.
Wenn dann der Gastgeber kommt,
wird er zu dir sagen:
Lieber Freund, komm,
nimm weiter oben Platz!
So wirst du vor allen geehrt,
die mit dir eingeladen sind.
LUKAS 14,10 GN

Ich muss mir nicht selbst
den roten Teppich ausrollen.
Ich darf mich entspannt
zurücknehmen.
Anderen den Vortritt lassen.
Denn meine Ehre liegt
in deiner Hand, Gott.

LUKAS 16,19–31

Freitag 29 August

Herr Zebaoth,
du bist allein Gott
über alle Königreiche auf Erden,
du hast Himmel und Erde gemacht.

JESAJA 37,16

Alles ist durch ihn geworden,
und ohne ihn ist auch nicht
eines geworden, das geworden ist.

JOHANNES 1,3 ZB

Plane dir heute Zeit zum Bestaunen ein! Geh raus und nimm wahr, was Gott alles geschaffen hat!

Geh aus, mein Herz, und suche Freud,
in dieser lieben Sommerzeit an deines Gottes Gaben;
schau an der schönen Gärtenzier
und siehe, wie sie mir und dir
sich ausgeschmücket haben,
sich ausgeschmücket haben.

PAUL GERHARDT

2 KÖNIGE 2,1–12A

Mein Tag

Samstag 30 AUGUST

Herr, du lässt mich genesen
und am Leben bleiben.
JESAJA 38,16

Es traf sich aber,
dass der Vater des Publius
mit Fieber und Durchfall darniederlag.
Da ging Paulus zu ihm hinein
und betete, legte ihm die Hände auf
und machte ihn gesund.
APOSTELGESCHICHTE 28,8 ZB

Für welchen kranken Menschen könntest du in der kommenden Woche beten? Wen könntest du besuchen?

Du Gott des Lebens,
es ist so lästig, krank zu sein. Es ist so lästig, anderen zur Last zu fallen. Es ist so lästig, zu warten. Auf Untersuchungen. Auf Therapieplätze. Bis die schlaflose Nacht vorübergeht. Bis die Schmerzen nachlassen. Auf Besserung. Auf deine heilende Kraft. Das viele Warten macht mich mürbe. Hilf mir, Gott, ich bin schwach. Sei du mein Arzt. Bitte, ich möchte gesund werden.

2. KÖNIGE 2,12B–18

Sonntag
31
AUGUST

Wohl allen, die auf ihn trauen!

PSALM 2,12

Weil wir zu Christus gehören,
dürfen wir vertrauensvoll
vor Gott treten
und frei zu ihm sprechen.
Das verdanken wir dem Glauben
an Christus.

EPHESER 3,12 BB

Den größten Glauben erweisen wir nicht, wenn wir uns etwas vornehmen und tun, sondern indem wir im Vertrauen loslassen.

HANS-JOACHIM ECKSTEIN,
PROFESSOR DER THEOLOGIE

Keine Lügen mehr Gott keine glatten Worte
nur noch Wahrheit zu Wahrheit
was für ein Wagnis
so vor Dir zu stehen
mit all meiner Wut
mit meinen Zweifeln meinen Tränen
meiner Enttäuschung
mit all meiner Ehrlichkeit und all meinem Mut
sage ich Dir wie es ist Gott
kein Selbstbetrug mehr kein falsches Lächeln
keine Schönfärberei
Einfach ich selbst Gott so wie ich bin
ohne Vorzeigeglauben
einfach ich selbst Gott
die all ihre Hoffnung auf Dich setzt

C. MOOSBACH

2. KÖNIGE 2,19–22

September

09
25

Gott ist unsre Zuversicht und Stärke.

PSALM 46,2

01	08	15	22	29	MONTAG
02	09	16	23	30	DIENSTAG
03	10	17	24		MITTWOCH
04	11	18	25		DONNERSTAG
05	12	19	26		FREITAG
06	13	20	27		SAMSTAG
07	14	21	28		SONNTAG

Montag

01

SEPTEMBER

Haltet dem HERRN, eurem Gott,
die Treue,
so wie ihr es bisher getan habt.

JOSUA 23,8 GN

Wir wollen die Versammlung
der Gemeinde nicht verlassen,
wie es bei einigen
üblich geworden ist,
sondern einander
mit Zuspruch beistehen,
und dies umso mehr,
als ihr den Tag nahen seht.

HEBRÄER 10,25 ZB

Gott, ich wünsche mir mehr in meiner Gemeinde. Mehr Gemeinschaft. Mehr tiefe Verbundenheit. Mehr Ermutigung. Mehr Lachen. Mehr Helfen. Mehr Leben teilen, nicht nur am Sonntagmorgen. Mehr

---

Hilf mir, damit anzufangen. Wirke du mit deinem Geist, damit wir in deinem Namen mehr zusammenstehen.

Amen.

2. KÖNIGE 4,1–7

Mein Tag

Dienstag

02

SEPTEMBER

Wer bin ich, Herr HERR,
und was ist mein Haus,
dass du mich bis hierher
gebracht hast?

2. SAMUEL 7,18

Die Schmuckstücke eines Hauses sind die Freunde, die darin verkehren.

RALPH WALDO EMERSON

Als Lydia aber
mit ihrem Hause getauft war,
bat sie uns und sprach:
Wenn ihr anerkennt,
dass ich an den Herrn glaube,
so kommt in mein Haus und bleibt da.

APOSTELGESCHICHTE 16,15

Du kennst mein Herz, siehst jeden Winkel.
Du kennst die Schatten auch.
Die Tür verschlossen, ein Fenster offen.
Ich komme hier nicht raus.
Komm in mein Haus, Du bist eingeladen!
Füll Du es aus mit Liebesstrahlen!
Was ich nicht brauch, komm, werfen wirs hinaus.
Komm und wohn in meinem Haus.

SEFORA NELSON

2. KÖNIGE 4,8–17

Mittwoch
03
SEPTEMBER

Ich will euch ein neues Herz
und einen neuen Geist in euch geben.
HESEKIEL 36,26

Liebt eure Feinde und bittet für die,
die euch verfolgen,
auf dass ihr Kinder seid
eures Vaters im Himmel.
MATTHÄUS 5,44–45

Entscheiden kann ich nicht
was vor meinen Augen geschieht
welche Schreie und Parolen
und Schüsse meine Ohren hören
welchen Geruch nach Feuer und Verderben
meine Nase atmet
welchen Wind und welches Wehen
meine Haut spürt
Aber entscheiden kann ich
womit ich meine Seele füttere
wofür ich durchlässig bleibe
empfindsam
mitfühlend
was ich weitertrage
Liebe oder Hass
HANNA BUITING,
MENSCHEN- UND WORTLIEBHABERIN

Ich tausche ein,
was mich verletzt
und womit ich verletzt habe,
wodurch ich mich schützen wollte,
was mich hart, müde und bitter gemacht hat.
Alles tausche ich ein gegen ein neues Herz
weich, pulsierend, lebendig, liebend.
Nur du kannst mir das geben.

2. KÖNIGE 4,18–30

Mein Tag

Donnerstag

04

SEPTEMBER

Von Gott werde dir geholfen,
und von dem Allmächtigen
seist du gesegnet.

1. MOSE 49,25

Das Evangelium
ist eine Kraft Gottes,
die selig macht alle,
die glauben.

RÖMER 1,16

Im Evangelium findet sich ein Wort für jede Situation.

CHIARA LUBICH

Du hast meinen Weg gekreuzt,
etwas Besseres konnte mir nicht passieren!

2. KÖNIGE 4,31–37

Mein Tag

Freitag 05 SEPTEMBER

Nimm ja nicht von meinem Munde
das Wort der Wahrheit.

PSALM 119,43

Die Menschen tauschten
die Wahrheit Gottes gegen die Lüge.
Sie verehrten die Schöpfung
und beteten sie statt
des Schöpfers an.
Der sei in Ewigkeit gelobt!

RÖMER 1,25 BB

Dieses bewunderungswürdige System
aus Sonne, Planeten und Kometen
konnte nur aus dem Ratschluss
und der Herrschaft eines intelligenten
und allmächtigen Wesens hervorgehen.

ISAAC NEWTON, BEDEUTENDER WISSENSCHAFTLER
IM 17.–18. JAHRHUNDERT.
ER BESCHRIEB GRUNDLEGENDE GESETZE DER PHYSIK,
ZUM BEISPIEL ZUR SCHWERKRAFT.

Immerfort empfange ich mich aus Deiner Hand.
So ist es und so soll es sein.
Das ist meine Wahrheit und meine Freude.
Immerfort blickt Dein Auge mich an, und ich lebe
aus Deinem Blick, Du mein Schöpfer und mein Heil.
Lehre mich, in der Stille Deiner Gegenwart
das Geheimnis zu verstehen, daß ich bin.
Und daß ich bin durch Dich, und vor Dir, und für Dich.

Amen

ROMANO GUARDINI

2. KÖNIGE 4,38–41

Mein Tag

Samstag

06

SEPTEMBER

Gott spricht:
Ich will für Israel wie der Tau sein,
dass es blüht wie eine Lilie.
HOSEA 14,6

Jesus spricht:
Darum sollt ihr nicht sorgen
und sagen: Was werden wir essen?
Was werden wir trinken?
Womit werden wir uns kleiden?
Denn euer himmlischer Vater weiß,
dass ihr all dessen bedürft.
MATTHÄUS 6,31.32

Wer das Morgen ganz in die Hand Gottes legt und heute empfängt, was er zum Leben braucht, der allein ist wahrhaft gesichert.

DIETRICH BONHOEFFER

Wie der Tau fällt, wenn alle noch schlafen
die Erde tränkt, bevor jemand sich sorgt
wie dein Volk seit tausenden Jahren
leben auch wir bis zum heutigen Morgen
im Vertrauen auf deine Versorgung

2. KÖNIGE 4,42–44

Sonntag
07
SEPTEMBER

Ich will dem HERRN
sehr danken mit meinem Munde
und ihn rühmen in der Menge.

PSALM 109,30

Jesus legte die Hände
auf die verkrümmte Frau;
und sogleich richtete sie sich
auf und pries Gott.

LUKAS 13,13

Was drückt dich nieder? Komm damit zu Jesus.

Jubeln will ich, Gott, jubeln, weil ich am Ende eines dunklen Teils meines Lebens den hellen Ausgang gefunden habe; jubeln, weil mich die Angst nicht mehr zerfrisst, sondern ich zunehme an Zuversicht; jubeln, weil mein Körper nicht mehr dahinwankt, denn er hat neue Kraft gefunden; jubeln, weil du zu mir durchgehalten hast, vom Anfang bis ans Ende. Im Elend warst du bei mir und sollst es jetzt sein, da ich vor dir juble.

CLEMENS FREY

2. KÖNIGE 5,1–7

Mein Tag

Montag 08 September

Gott sende seine Güte
und Treue.
PSALM 57,4

Die Frucht des Geistes ist Liebe,
Freude, Frieden, Geduld, Güte,
Rechtschaffenheit, Treue,
Sanftmut, Selbstbeherrschung.
GALATER 5,22–23 ZB

Eine Schale will ich sein
empfänglich für Gedanken des Friedens
Eine Schale für Dich, Heiliger Geist
Meine leeren Hände will ich hinhalten
offen für die Fülle des Lebens
Leere Hände für Dich, Heiliger Geist
Mein Herz will ich öffnen
bereit für die Kraft der Liebe
Ein Herz für Dich, Heiliger Geist
Gute Erde will ich sein
gelockert für den Samen der Gerechtigkeit
Gute Erde für Dich, Heiliger Geist
Ein Flussbett will ich sein
empfänglich für das Wasser der Güte
Ein Flussbett für Dich, Heiliger Geist
ANTON ROTZETTER

2. KÖNIGE 5,8–19A

Dienstag

09

SEPTEMBER

Mein Tag

Es hat dem HERRN gefallen,
euch zu seinem Volk zu machen.
1. SAMUEL 12,22

Die Apostel priesen Gott
und sprachen: Nun hat Gott
also auch den anderen Völkern
die Umkehr zum Leben gewährt.
APOSTELGESCHICHTE 11,18 ZB

von dir gesucht und gefunden
über die ganze Welt verbunden
jede Nation von dir geschätzt
so sind wir durch dich vernetzt
auch wenn wir einander noch fremd
da ist einer, der uns alle kennt

2. KÖNIGE 5,19B–27

Mein Tag

Mittwoch

10

SEPTEMBER

Gott, unser Gott, du bist so groß,
so mächtig und Ehrfurcht gebietend!
Du hast mit uns
einen Bund geschlossen
und stehst dazu
mit unerschütterlicher Treue.
Lass dir nun nicht gleichgültig sein,
was an Leiden über uns gekommen ist!

NEHEMIA 9,32 GN

Ich bin gewiss,
dass weder Tod noch Leben,
weder Engel noch Mächte
noch Gewalten, weder Gegenwärtiges
noch Zukünftiges,
weder Hohes noch Tiefes
noch irgendeine andere Kreatur
uns scheiden kann
von der Liebe Gottes,
die in Christus Jesus ist,
unserm Herrn.

RÖMER 8,38–39

Nichts tröstet mächtiger als die Gewissheit, mitten im Elend von der Liebe Gottes umfangen zu werden.

JOHANNES CALVIN,
REFORMATOR IM 16. JAHRHUNDERT

Ich weiß, deine Liebe zu mir, sie ist da, immer, überall. Aber ich spüre davon gerade so wenig. Besonders jetzt, wo es mir nicht gut geht. Deshalb bitte, zeig mir wieder neu, dass du da bist. Dass du mich mit deiner Liebe nicht verlassen hast.

Amen.

2. KÖNIGE 6,8–17

Donnerstag

11

SEPTEMBER

Mein Tag

Ich bin der HERR.
Was ich rede, das soll geschehen
und sich nicht lange hinausziehen.

HESEKIEL 12,25

Die Heilige Schrift selbst hat
schon längst darauf hingewiesen,
dass Gott auch die anderen Völker
durch den Glauben retten wird.
Gott verkündete schon Abraham
die gute Botschaft:
Durch dich sollen
alle Völker gesegnet werden.

GALATER 3,8 HFA

Give me that old time religion
Give me that old time religion
Give me that old time religion
It's good enough for me
It was good for father Abraham
It was good for father Abraham
It was good for father Abraham
And it's good enough for me.

TRADITIONAL

2. KÖNIGE 6,18–23

Mein Tag

Freitag 12 September

Fürchte dich nicht
vor plötzlichem Schrecken;
denn der HERR ist deine Zuversicht.
SPRÜCHE 3,25.26

Als die Jünger Jesus
auf dem See gehen sahen,
erschraken sie, weil sie meinten,
es sei ein Gespenst,
und sie schrien vor Angst.
Sogleich aber redete Jesus mit ihnen:
Seid getrost, ich bin es.
Fürchtet euch nicht!
MATTHÄUS 14,26–27 ZB

Mut ist Angst, die gebetet hat. So wird die niederländische Widerstandskämpferin Corrie ten Boom oft zitiert. Aber wie bete ich, wenn ich voller Sorge und Anspannung bin? Manche greifen auf das Jesusgebet der Ostkirche zurück, bei dem man bewusst und tief atmet. Denn wenn wir uns fürchten, atmen wir meist flacher als sonst. Und das verstärkt die Panik noch. Probieren Sie es aus, etwa fünf Minuten lang: Fünf bis sechs Sekunden einatmen und dabei innerlich sagen: »Herr Jesus Christus.« Ein bis zwei Sekunden den Atem halten. Sieben bis acht Sekunden ausatmen und dabei innerlich sagen: »Erbarme dich meiner.« Ein bis zwei Sekunden den Atem halten. Man spricht auch vom Herzensgebet, weil es aus dem Innersten kommt. Danach geht es uns häufig besser. Wir sind ruhiger und haben mehr Kraft. Weil Atmung auf unseren Körper wirkt – und dadurch auch auf unsere Seele.

KLAUS DOUGLASS, THEOLOGE UND AUTOR

2. KÖNIGE 6,24–25; 6,32–7,2

Samstag 13 September

Mein Tag

Auf Gott hoffe ich
und fürchte mich nicht;
was können mir Menschen tun?
PSALM 56,12

So hatte nun die Gemeinde Frieden
in ganz Judäa und Galiläa
und Samarien und baute sich auf
und lebte in der Furcht des Herrn
und mehrte sich unter dem Beistand
des Heiligen Geistes.
APOSTELGESCHICHTE 9,31

Man sollte nicht ängstlich fragen:
Was wird und kann noch kommen?
Sondern sagen:
Ich bin gespannt,
was Gott noch mit mir vorhat.
SELMA LAGERLÖF,
SCHWEDISCHE SCHRIFTSTELLERIN

Sei bei mir, wenn wieder die Welle kommt,
wenn ich mich mitten in dieser Menge
unheimlich alleine fühle
und trotz vieler Freunde einsam bin
wenn alle lachen, während ich einfach nur weinen könnte
Gib mir Sicherheit, dass du gerade dann besonders bei mir bist,
weil du mich so gut kennst wie niemand anderer
und wir uns auch ohne Worte verstehen.
STEPHAN SIGG

2. KÖNIGE 7,3–7

Sonntag

14

SEPTEMBER

Ich will mich freuen des HERRN
und fröhlich sein in Gott,
meinem Heil.

HABAKUK 3,18

Als der Sohn noch weit entfernt war,
sah ihn sein Vater
und es jammerte ihn,
und er lief und fiel ihm
um den Hals und küsste ihn.

LUKAS 15,20

Mein Tag

Lies die Geschichte vom verlorenen Sohn in Lukas 15. Stell dir vor, du kommst zu Gott zurück. Was würdest du ihm sagen wollen? Wie klingt seine Freude über euer Wiedersehen? Was fühlst du dabei?

Mein Gott segnet mich -
ich tanze voller Freude.
Mein Gott behütet mich -
ich singe seine Lieder.
Mein Gott liebt mich sehr -
ihm sei Lob, Preis und Ehre.
Mein Gott nimmt mich an -
ich bin und bleib sein Kind.

AUS WESTAFRIKA

2. KÖNIGE 7,8–15A

Montag 15 SEPTEMBER

Mein Tag

Der HERR sprach zu Mose:
Ich will ihnen einen Propheten, wie du bist, erwecken aus ihren Brüdern und meine Worte in seinen Mund geben.

5. MOSE 18,18

Und viele, die zuhörten, verwunderten sich und sprachen: Ist der nicht der Zimmermann?

MARKUS 6,2.3

Der Glaube ist ein steter und unverwandter Blick auf Christus.

MARTIN LUTHER

Jesus,
wirf meine Vorstellungen von dir über den Haufen
bring mein Bild von dir durcheinander
öffne alle Schubladen, in die ich dich gesteckt habe
damit ich nicht aufhöre, danach zu fragen
wer du bist.

Amen.

2. KÖNIGE 7,15B–20

Mein Tag

Dienstag 16 SEPTEMBER

Die Himmel erzählen
die Ehre Gottes.
PSALM 19,2

Darum geht mit eurem Körper so um,
dass es Gott Ehre macht!
1. KORINTHER 6,20 NGÜ

5☆

Den Körper, den Gott mir geschenkt hat, diese Woche gut versorgen:

1. Essen kochen und bewusst genießen
2. Schlaf gönnen
3. Ihn liebevoll betrachten
4. Mal wieder Sport machen und schwitzen
5. Aufschreiben, was ich an ihm schätze

Meine Top five:

____

____

____

____

____

Die ganze Schöpfung jubelt dir zu,
und alles sagt mir: so schön bist du!
Die Wellen tanzen, die Winde wehn.
In allem Leben bist du zu sehn.
ALBERT FREY

2. KÖNIGE 8,1–6

Mittwoch 17 SEPTEMBER

Mein Tag

Jeremia sprach: **Ich dachte:**
Ich will seiner nicht mehr gedenken
und nicht mehr
in seinem Namen predigen.
Aber es ward in meinem Herzen
wie ein brennendes Feuer.

JEREMIA 20,9

Tretet auch für uns ein,
wenn ihr betet!
Bittet Gott, uns eine Tür
für seine Botschaft zu öffnen.
Dann können wir
das Geheimnis weitergeben,
das Christus uns enthüllt hat
und für das ich im Gefängnis bin.
Betet, dass ich meinen Auftrag erfüllen
und dieses Geheimnis klar
und verständlich verkünden kann.

KOLOSSER 4,3–4 NGÜ

Zünde auch in uns ein neues Feuer an!
Bis wir Funken der Liebe,
Hoffnung und Freude sprühen!

2. KÖNIGE 18,1–8

Mein Tag

Donnerstag

18

SEPTEMBER

Der HERR spricht:
Warum zählt ihr Geld dar für das,
was kein Brot ist,
und euren sauren Verdienst für das,
was nicht satt macht?
Hört doch auf mich,
so werdet ihr Gutes essen.

JESAJA 55,2

Jesus sprach:
Diese Witwe hat von ihrer Armut
ihre ganze Habe eingelegt, alles,
was sie zum Leben hatte.

MARKUS 12,44

Oft ist es der Reichtum, der dem Menschen ein Armutszeugnis ausstellt.

GERHARD UHLENBRUCK, MEDIZINER

Herr, du bist das Brot des Lebens, das uns satt macht und erfüllt.
Wer es isst, der lebt nicht vergebens, jeder Hunger wird von dir gestillt.
Und was du uns so reichlich gibst, das teil'n wir andern aus,
damit sie kommen, die du liebst, zu dem Mahl in deinem Haus.

GERHARD SCHNITTER

2. KÖNIGE 18,9–12

Freitag 19 September

Was vom Hause Juda errettet
und übrig geblieben ist,
wird von Neuem nach unten Wurzeln
schlagen und oben Frucht tragen.

2. KÖNIGE 19,30

Jesus spricht:
Bleibt in mir und ich in euch.
Wie die Rebe keine Frucht
bringen kann aus sich selbst,
wenn sie nicht am Weinstock bleibt,
so auch ihr nicht,
wenn ihr nicht an mir bleibt.

JOHANNES 15,4

Mein Schöpfer
in mein Herz möchte ich säen
was gut war
was mich wachsen ließ
damit es Blüten trage
In deine Ewigkeit möchte ich begraben
was bitter war
was mir den Atem nahm
damit ich Ruhe finde
Leih mir deinen Spaten
Sei der Gärtner an meiner Seite

amen

S. NIEMEYER/M. LEMME

Mein Tag

#Wurzelzeit
Wurzeln geben Halt.
Versorgen mit lebensnotwendigen
Nährstoffen.
Worin bist du verwurzelt?

2. KÖNIGE 18,13–18

Mein Tag

Samstag 20 SEPTEMBER

Lehre mich tun nach
deinem Wohlgefallen,
denn du bist mein Gott;
dein guter Geist
führe mich auf ebner Bahn.

PSALM 143,10

Alle, die sich vom Geist Gottes
führen lassen,
die sind Gottes Söhne und Töchter.

RÖMER 8,14 GN

Heiliger Geist,
Wind in meinen Segeln,
treib mich an,
zeig, wo es hingeht,
ich richte mich nach dir aus!

2. KÖNIGE 18,28–32

Sonntag

21

SEPTEMBER

Mein Tag

Rut sprach:
Bedränge mich nicht,
dass ich dich verlassen
und von dir umkehren sollte.
Wo du hingehst,
da will ich auch hingehen;
wo du bleibst, da bleibe ich auch.
Dein Volk ist mein Volk,
und dein Gott ist mein Gott.

RUT 1,16

Boas zeugte Obed;
die Mutter war Rut. Obed zeugte Isai.
Isai zeugte den König David.
Jakob zeugte Josef,
den Mann von Maria.
Sie wurde die Mutter von Jesus,
der Christus genannt wird.

MATTHÄUS 1,5.6.16 GN

Good to know

Eine Besonderheit im Stammbaum von Jesus zu Beginn des Matthäusevangeliums ist die Erwähnung von vier Frauen. Eine davon ist Rut. Als Moabiterin gehört sie ursprünglich nicht zum Volk Israel. Sie heiratet einen jüdischen Mann, der mit seinen Eltern aufgrund einer Hungersnot in ihr Land ausgewandert war. Als ihr Ehemann plötzlich stirbt, beschließt sie ihrer Schwiegermutter Naemi, mittlerweile ebenfalls Witwe, treu zu bleiben und sie auf der Rückkehr in ihr Heimatland zu begleiten. Dabei nimmt sie auch den Glauben an den Gott Israels an. In Naemis Heimat begegnet sie Boas, einem Verwandten. Er nimmt sich der beiden an und heiratet schließlich Rut. Sie bekommen einen Sohn, Obed, ein Vorfahre von König David und damit auch von Jesus.

2. KÖNIGE 18,36–19,8

Mein Tag

Montag 22 SEPTEMBER

Was der HERR tut,
das ist herrlich und prächtig,
und seine Gerechtigkeit bleibt ewiglich.
PSALM 111,3

Denn ich gelte nicht als gerecht,
weil ich das Gesetz befolge,
sondern weil ich an Christus glaube.
Das ist die Gerechtigkeit,
die von Gott kommt
und deren Grundlage der Glaube ist.
PHILIPPER 3,9 BB

*Was Gott tut, das ist …
Welche Beschreibungen würdest du verwenden?*

Bin schon oft drauf gestoßen – ist das eher 'nen Ding der Großen?
Gerechtigkeit. Schweres Wort, viele Silben.
Leicht, sich was drauf einzubilden.
Wie kann ich etwas davon haben?
Von dieser deiner schönsten Gabe.
Nicht um zu konservieren, sondern zu empfangen. Tag für Tag.
Gott, ich wart.
Deine Gerechtigkeit heißt »Du holst mich ab«
Gott, ich wart.
Hier.
Klein.
Doch kein Ding der Großen.
Nur 'nen Ding des Großen.

2. KÖNIGE 19,9–19

ELISA-BEATRICE RUß

Dienstag

23

SEPTEMBER

Ich will euch
von all eurer Unreinheit erlösen.
HESEKIEL 36,29

Gott hat uns nicht
zur Unsittlichkeit berufen,
sondern zu einem Leben
in Heiligkeit.
1. THESSALONICHER 4,7 BB

Sich keinen Fehler gestatten,
sich keinen Fehler verzeihen,
ist weit schlimmer,
als Fehler haben
und mit Fehlern leben.
Sich keinen Fehler gestatten,
macht unbarmherzig
und gestattet selbst Gott
nicht die Freude,
barmherzig zu sein.
GABRIELE MILLER

Gott, du bist so anders,
du bist heilig.
Und ich bin offensichtlich keine Heilige.
Aber du selbst machst es möglich,
dass ich trotzdem so zu dir kommen kann.
Du schenkst, dass wir uns begegnen können.
Alles, was dagegen spricht, nimmst du fort.
Danke.

2. KÖNIGE 19,20–22.29–37

Mein Tag

Mittwoch 24 SEPTEMBER

Hilf du uns, Gott, unser Helfer,
um deines Namens Ehre willen!
Errette uns und vergib uns
unsre Sünden
um deines Namens willen!

PSALM 79,9

In seinem Namen wird allen Völkern
Umkehr verkündigt werden
zur Vergebung der Sünden.

LUKAS 24,47 ZB

Du siehst, wozu ich fähig bin.
Du siehst, das ich tat, wozu ich fähig bin.
Du siehst, dass ich mich nicht vor mir retten kann.
Du siehst, dass ich Dich brauche.

BERNHARD MEUSER

2. KÖNIGE 20,1–11

Donnerstag

25

SEPTEMBER

Mein Tag

Siehe: Der die Berge gemacht
und den Wind geschaffen hat,
der dem Menschen sagt,
was er im Sinne hat –
er heißt »Herr, Gott Zebaoth«.

AMOS 4,13

Halleluja!
König geworden ist der Herr,
unser Gott,
der Herrscher über das All.

OFFENBARUNG 19,6 ZB

Das hebräische Wort »Zebaot« bedeutet wörtlich übersetzt »Heerscharen«. Gemeint sind sowohl himmlische (Engel) als auch irdische Heere. »Zebaot« steht oft als Namenszusatz für Gott [...]. Die genaue Bedeutung, d.h. an welche Art von Heeren zu denken ist, ist nicht sicher. Möglicherweise lässt sich »Zebaot« abstrakt als Ausdruck der Machtfülle auffassen.

SACHERKLÄRUNGEN DER BASISBIBEL

Täglich die Nachrichten von ungerechten Herrschern,
die Macht verteidigen mit Panzern und Raketen
ungeachtet des Lebens vieler Menschen.
Wann wird sichtbar, dass du, Gott, größer bist als sie alle?
Wann kommt endlich dein Friedensreich?

2. KÖNIGE 20,12–19

Mein Tag

Freitag 26

SEPTEMBER

Viele sagen von mir:
Er hat keine Hilfe bei Gott.
Aber du, HERR,
bist der Schild für mich,
du bist meine Ehre
und hebst mein Haupt empor.

PSALM 3,3–4

Einer aber unter
den zehn aussätzigen Männern,
als er sah,
dass er gesund geworden war,
kehrte er um
und pries Gott mit lauter Stimme.

LUKAS 17,15

Wovon kannst du ein Lied singen?

Hey Gott. Mir ist aufgefallen, dass ich oft nur dann bete, wenn es mir schlecht geht. Heute aber will ich dir danken. Ich würde nicht sagen, dass all meine Probleme sich in Luft aufgelöst haben, nein, ganz bestimmt nicht. Aber irgendwie, keine Ahnung wie das passiert ist, bin ich glücklicher geworden. Ich verstecke mich nicht mehr nur in meinem Zimmer und bemitleide mich selbst. Ich bin stärker geworden und zwar gerade durch den ganzen Mist, den ich einstecken musste, wie den Verlust meiner damaligen besten Freundin. Gott, ich kann dir danken. Obwohl so viel Schlechtes passiert, passieren eben trotzdem noch Wunder. Danke.

Amen.

FRANK UND JUBILEE BONKOWSKI

2. KÖNIGE 22,1–10

Samstag

27

SEPTEMBER

Mein Tag

**Fürchtet euch nur nicht
und stärkt eure Hände!**

SACHARJA 8,13

Jesus spricht:
**In der Welt habt ihr Angst;
aber seid getrost,
ich habe die Welt überwunden.**

JOHANNES 16,33

Im Wald verbreitet sich das Gerücht, der Bär habe eine Todesliste angefertigt. Viele Tiere leben in Angst, sie könnten auf dieser Liste stehen. Der Hirsch nimmt allen Mut zusammen, geht zum Bären und fragt: »Hey Bär, ich habe gehört, du hättest eine Todesliste. Stimmt das?!« Der Bär nickt, der Hirsch fragt bestürzt: »Stehe ich auch auf dieser Liste?!« Antwort: »Du stehst auch auf der Liste.« Der Hirsch stürmt entsetzt davon und wird wenige Tage später tot aufgefunden. Die Angst steigt, und nun fragen sich alle, ob sie auch auf dieser Liste stehen. Da fasst sich der Eber ein Herz und geht zum Bären: »Stehe ich auch auf deiner Liste?« Der Bär nickt: »Auch dein Name steht auf der Liste.« Der Eber rast voller Panik davon und wird bald darauf tot im Wald gefunden. Alle verstecken sich, so gut sie können – bis auf den sonst so ängstlichen Hasen. Der geht zum Bären und fragt: »Bär, stehe ich auf deiner Liste?« – »Ja, auch du stehst auf der Liste.« – »Könntest du mich bitte streichen?« – »Na klar, kein Problem.«

HANS HEß

2. KÖNIGE 22,11–17

Mein Tag

Sonntag 28 September

Der Herr behütet die Fremdlinge
und erhält Waisen und Witwen.

PSALM 146,9

Vergesst die Gastfreundschaft nicht.
Denn auf diese Weise haben manche,
ohne es zu wissen,
Engel als Gäste aufgenommen.

HEBRÄER 13,2 BB

Noch nie hat es weltweit mehr Geflüchtete gegeben. Jeder einzelne dieser Menschen hat einen ganz persönlichen Weg hinter sich: Flucht heißt, sich mit dem Notwendigsten auf den Weg zu machen. Flucht heißt Überleben auf der Straße, in Not-Unterkünften, in Zeltstädten. Flucht heißt, nicht zu wissen, was morgen, übermorgen, in einem Jahr ist. Weltweit sind derzeit so viele Menschen auf der Flucht wie seit dem Ende des Zweiten Weltkriegs nicht mehr: über 60 Millionen Menschen. Jede Sekunde flieht ein Mensch. Und viele kommen nicht dort an, wo sie hinwollten.

LUCIA WERBICK UND JÖRG NOTTEBAUM, MISEREOR

Du bist ein Gott, der Heimat schenkt. Ganz besonders denen, die ihr geliebtes und gewohntes Umfeld verlassen müssen. Bitte beschütze alle, die auf der Flucht sind. Sei ihnen dort ganz nahe, wo sie sich fremd fühlen. Hilf auch uns, dass wir ihnen unsere Herzen öffnen und unsere Heimat teilen.

Amen.

2. KÖNIGE 23,1–3.21–23

Montag
29
SEPTEMBER

Mein Tag

Ich bin dein, hilf mir.
PSALM 119,94

Plötzlich stand da
der Engel des Herrn,
und die ganze Zelle war
von strahlendem Licht erfüllt.
Der Engel weckte Petrus
durch einen Stoß in die Seite
und sagte: Schnell, steh auf!
Da fielen Petrus die Ketten
von den Händen.
APOSTELGESCHICHTE 12,7 GN

Aus welchem Gefängnis wünscht du dir Befreiung?

Stunde um Stunde liege ich wach. Endlos dehnt sich die Nacht.
Heere von Sorgen fallen über mich her.
Schutzlos bin ich vor der Flut der Gedanken. Engel der Nacht,
bette mich in deine Arme. Lass mich eintauchen in deine Tröstungen,
umfangen sein von deinem Gebet. Sprich ein Friedenswort über mich.
ANTJE SABINE NAEGELI

2. KÖNIGE 23,24–27

Mein Tag

Dienstag 30 SEPTEMBER

Mache dich auf, hilf uns
und erlöse uns
um deiner Güte willen!
PSALM 44,27

Der Gott aller Gnade aber,
der euch berufen hat zu
seiner ewigen Herrlichkeit in Christus,
der wird euch,
die ihr eine kleine Zeit leidet,
aufrichten, stärken,
kräftigen, gründen.
1. PETRUS 5,10

... aber du hast uns in allem deine Hilfe
zugesagt! Deshalb gib uns heute,
was wir für diesen Tag brauchen!
Komm, und stärke uns! Steh uns bei!
Erhell diesen Tag mit deiner Gegenwart!

10
25

Oktober

Jesus Christus spricht:
Das Reich Gottes ist mitten unter euch.
LUKAS 17,21

MONTAG		06	13	20	27
DIENSTAG		07	14	21	28
MITTWOCH	01	08	15	22	29
DONNERSTAG	02	09	16	23	30
FREITAG	03	10	17	24	31
SAMSTAG	04	11	18	25	
SONNTAG	05	12	19	26	

Mein Tag

Mittwoch

01

OKTOBER

Der HERR erweckte
den Geist des Volkes,
dass sie kamen
und arbeiteten am Hause
des HERRN Zebaoth,
ihres Gottes.

HAGGAI 1,14

Jesus spricht:
Ich kenne deine Werke
und deine Mühsal
und deine Geduld.

OFFENBARUNG 2,2

Nicht an der Menge unserer Arbeit hat Gott Freude, sondern an der Liebe, mit der wir arbeiten.

FRANZ VON SALES, KIRCHENLEHRER
IM 16./17. JAHRHUNDERT

Gott sei mit dir,
wenn es Abend wird,
dass du dankbar zurückschauen kannst
auf die Last und die Lust
des vergangenen Tage
und gewiss sein kannst,
dass nichts vergeblich war.

CHRISTA SPILLING-NÖKER

LUKAS 17,7–10

Donnerstag

02

OKTOBER

Kommt her
und sehet an die Werke Gottes,
der so wunderbar ist in seinem Tun
an den Menschenkindern.

PSALM 66,5

Jesus sprach zu dem Hauptmann:
Geh hin; dir geschehe,
wie du geglaubt hast.
Und sein Knecht wurde gesund
zu derselben Stunde.

MATTHÄUS 8,13

Lobe den Herren, der künstlich und fein dich bereitet,
der dir Gesundheit verliehen, dich freundlich geleitet.
In wie viel Not hat nicht der gnädige Gott
über dir Flügel gebreitet!

JOACHIM NEANDER

LUKAS 17,11–19

Mein Tag

Freitag

03

OKTOBER

TAG DER DEUTSCHEN EINHEIT

Wer hätte geglaubt,
was uns da berichtet wurde?
Wer hätte es für möglich gehalten,
dass die Macht des HERRN sich
auf solche Weise offenbaren würde?
JESAJA 53,1 GN

Die größte Überraschung – vor 166 Tagen haben wir sie gefeiert. In 184 Tagen werden wir sie wieder feiern.

Maria aus Magdala
ging zu den Jüngern.
Sie verkündete ihnen:
Ich habe den Herrn gesehen!
Und sie erzählte,
was er zu ihr gesagt hatte.
JOHANNES 20,18 BB

als alles aus schien,
vergebens und vorbei,
am Boden zerstört,
endgültig am Ende,
trostlos,
ausweglos,
hoffnungslos,
da hast du, Gott ein Zeichen gesetzt:
wider alle Erwartung,
überraschend,
einzigartig,
unvergleichlich,
beispiellos.
Das war Ostern!
Seitdem ist wieder alles möglich.
Das ist Ostern!
Jeden Tag!
BRUNO GRIEMENS

LUKAS 18,1–8

Samstag

04

OKTOBER

Mein Tag

Salomo betete:
Du hast deinem Knecht,
meinem Vater David, gehalten,
was du ihm zugesagt hast.
Mit deinem Mund hast du es geredet,
und mit deiner Hand
hast du es erfüllt,
wie es offenbar ist an diesem Tage.

1. KÖNIGE 8,24

Treu ist er, der euch ruft.

1. THESSALONICHER 5,24

Nicht alle unsere Wünsche, aber alle seine Verheißungen erfüllt Gott.

DIETRICH BONHOEFFER

Du kennst nicht Schatten, noch wechselt dein Licht.
Du bist derselbe, der du warst vor Zeiten,
an deiner Gnade es niemals gebricht.
Bleibend ist deine Treu, bleibend ist deine Treu.
Morgen für Morgen dein Sorgen ich seh.
All meinen Mangel hast du mir gestillet,
bleibend ist deine Treu, wo ich auch geh.

T. CHRISHOLM / W. ZORN

LUKAS 18,9–14

Mein Tag

Sonntag 05 OKTOBER

Es sei Gutes oder Schlechtes –
auf die Stimme des HERRN, unseres
Gottes, werden wir hören.

JEREMIA 42,6 ZB

Jesus aber antwortete den Jüngern:
Gebt ihr ihnen zu essen!

MARKUS 6,37

Hören ist die Aussaat Gottes. Die Frucht der Saat ist unser Tun.

THOMAS VON AQUIN,
KIRCHENLEHRER IM 13. JAHRHUNDERT

Jesus, deine Jünger haben dich bestimmt für verrückt gehalten, als du ihnen gesagt hast, dass sie mal eben mindestens 5000 Menschen mit Abendbrot versorgen sollen. Manchmal fühl ich mich genauso. Die Not um mich herum und in dieser Welt ist riesig. Was kann ich da schon machen? Das ist doch nur ein kleiner Tropfen auf dem heißen Stein. Aber ich will trotz meiner Zweifel einfach anfangen. Und ich bitte dich: Füll du auch meine Hände, wie du es damals dann bei den Jüngern getan hast. Gebrauche du mein kleines bisschen für mehr.

LUKAS 18,15–17

Montag

06

OKTOBER

Mein Tag

Ich glaube aber doch,
dass ich sehen werde die Güte
des HERRN im Lande
der Lebendigen.

PSALM 27,13

Das Gebet des Glaubens
wird dem Kranken helfen,
und der Herr wird ihn aufrichten;
und wenn er Sünden getan hat,
wird ihm vergeben werden.

JAKOBUS 5,15

Herr, sie sagen, es gebe keine Hoffnung mehr.
Aber du bist für alle Zeiten der Gott der Hoffnung.
Herr, sie sagen, es wird alles schlimmer.
Aber du bleibst dabei,
dass deine Güte jeden Morgen neu ist.
Herr, sie sagen, Wunder gab es nur in alten Zeiten.
Aber du bist ein Gott,
der auch heute noch Wunder tut.
Herr, sie behaupten,
dass die Welt immer kälter wird.
Aber du bist immer noch der Vater
der Erbarmung und Gott allen Trostes.
Herr, sie meinen, dass Ärzte das letzte Wort haben.
Aber du stehst weit über jeder Fachkraft –
und besitzt einen Vorrat an Lösungen.
Für jedes Problem.
Herr – halte mich fest
und lass mich festhalten an deinen Verheißungen.
Heute und für immer. Amen.

ANDREAS MEISSNER

LUKAS 18,18–27

Mein Tag

Dienstag

07

OKTOBER

Ich erkenne, Herr,
dass du alles vermagst,
und nichts, das du dir vorgenommen,
ist dir zu schwer.

HIOB 42,2

Bei Gott ist kein Ding unmöglich.

LUKAS 1,37

Heute will Gott alle deine -UN- streichen
Er machts möglich!
~~un~~geliebt
~~un~~verstanden
~~un~~schön
~~un~~erwünscht
~~un~~gesehen
~~un~~denkbar
~~un~~durchführbar
~~un~~realistisch
~~un~~tragbar
...

LUKAS 18,28–30

Mittwoch

08

OKTOBER

Das Verlangen der Elenden hörst du,
HERR;
du machst ihr Herz gewiss.

PSALM 10,17

Und als Jesus an die Stelle kam,
sah er auf und sprach zu ihm:
Zachäus, steig eilend herunter;
denn ich muss heute
in deinem Haus einkehren.
Und er stieg eilend herunter
und nahm ihn auf mit Freuden.

LUKAS 19,5–6

Wie wäre das – Jesus heute zu Hause willkommen heißen?

Kommst Du in mir wohnen
wenn mein Geist beschwert bleibt
mein Vertrauen sich versehrt weiß
Komm, großes Geheimnis
ich kann Dich kaum fassen
und doch niemals von Dir lassen
Du bist da
bist mir nah
nahst Dich oft so anders
bis ich Dich erkannt hab

JELENA HERDER, THEOLOGIN & KÜNSTLERIN
AUF DIE MELODIE VON »GOTT IST GEGENWÄRTIG«

LUKAS 18,31–34

Mein Tag

Donnerstag

09

OKTOBER

Der HERR sprach zu Abram:
In dir sollen gesegnet werden alle Geschlechter auf Erden.
1. MOSE 12,1.3

Alle, die aus Glauben leben, werden zusammen mit dem glaubenden Abraham Segen empfangen.
GALATER 3,9 BB

deine Segensspur
zieht sich durch die Zeiten
bis zu uns
danke

LUKAS 18,35–43

Mein Tag

Freitag 10 OKTOBER

Ich hatte dich gepflanzt
als einen edlen Weinstock,
ein ganz echtes Gewächs.
Wie bist du mir denn geworden
zu einem schlechten,
wilden Weinstock?
JEREMIA 2,21

Gott hat das Volk,
das er von Anfang an erwählt hatte,
nicht verstoßen.
RÖMER 11,2 GN

Gott, du hältst Wort. Du hast Israel zum Zeichen deiner Treue gemacht. Wir bitten dich heute für die jüdischen Menschen, die hier ihre Heimat haben. Es ist an uns, dass sie sich sicher fühlen. Deshalb wollen wir alles dafür tun, dass sie hier ohne Angst leben können. Führ du uns zusammen, lass gegenseitiges Vertrauen wachsen. Wir wollen zusammenstehen und Seite an Seite entschlossen allen entgegentreten, die Feindbilder propagieren.

Amen.

LUKAS 19,1–10

Mein Tag

#Gott erlebt

Davon kann ich erzählen:

Samstag 11 Oktober

HERR, unser Herrscher,
wie herrlich ist dein Name
in allen Landen.

PSALM 8,2

Jesus spricht:
Ihr werdet meine Zeugen
sein in Jerusalem
und in ganz Judäa und Samarien
und bis an das Ende der Erde.

APOSTELGESCHICHTE 1,8

Hinter unserem Horizont gehts weiter.
Jesus wirkt mehr als nur an unserem Ort.
Sein Name kennt nicht unsre Grenzen.
Keine Mauern, die vor Vielfalt und Zuflucht schützen.
Er hat überschritten das Bekannte
Und das von uns als fern und fremd benannte.
Gott geht weiter.
Eilt voraus.
Flieht mit.
Bleibt mit.
Reist mit und ist damit Ausreißer.
Reißt ein.
Unsre Mauern im Kopf,
In Sprache,
Im Herzen,
In unserem Land.

ELISA-BEATRICE RUß

LUKAS 19,11–19

Sonntag 12 OKTOBER

Seine Macht ist ewig
und vergeht nicht,
und sein Reich hat kein Ende.

DANIEL 7,14

Jesus Christus ist derselbe gestern,
heute und in Ewigkeit.

HEBRÄER 13,8 ZB

Über der Vielfalt der Zeit
steht ein ewiger Gott,
dessen Wahrheit uns führt,
dessen Stärke uns schützt,
dessen Liebe uns erhält.

MARTIN LUTHER KING

Wer hat die Kraft aus vergangenen Zeiten,
wer kann uns Menschen in die Zukunft leiten?
Was bleibt als Hoffnung beständig im Wandel der Zeit?
Wer kann den Boden für Neues bereiten,
Herzen verändern und das Sichtfeld weiten?
Einer, der immer schon da war, und das bist nur du!
Du bist der Zeitenverbinder.

MARTIN UND JENNIFER PEPPER

LUKAS 19,20–27

Mein Tag

Montag 13 Oktober

So spricht der Herr:
Dein Schaden ist verzweifelt böse,
und deine Wunden sind unheilbar.
Doch ich will dich wieder
gesund machen
und deine Wunden heilen.

JEREMIA 30,12.17

Wem zeigst du deine wunden Punkte?

Ihr wisst:
Jesus Christus ist gekommen,
um die Sünden wegzunehmen.
Er selbst ist ohne Sünde.

1. JOHANNES 3,5–6 BB

Christus,
Du nimmst uns mit unserem Herzen an,
wie es heute gerade ist,
warum sollten wir,
bevor wir zu Dir gehen,
erst darauf warten,
dass unser Herz sich ändert?
Du änderst es jeden Tag von neuem,
ohne dass wir wüssten, wie.
Du tust alles,
um die klaffenden Risse zu heilen,
Du, unser Freund und Bruder Jesus Christus.

Amen.

FRÈRE ROGER, TAIZÉ

LUKAS 19,28–40

Mein Tag

Dienstag

14

OKTOBER

Du hast meine Seele
vom Tode errettet,
mein Auge von den Tränen,
meinen Fuß vom Gleiten.

PSALM 116,8

Eine Frau hatte den Blutfluss
seit zwölf Jahren; die hatte alles,
was sie zum Leben hatte,
für die Ärzte aufgewandt
und konnte von niemandem
geheilt werden.
Die trat von hinten heran
und berührte den Saum
seines Gewandes;
und sogleich hörte
ihr Blutfluss auf.

LUKAS 8,43–44

Zeit, Weise und Wege der Hilfe Gottes müssen wir ihm überlassen. Aber dass Gott uns zur rechten Stunde helfen wird, das wissen wir, das steht fest.

MARTIN LUTHER

In mir ist Winter. Alles grau und erstarrt.
Hüll mich in dein Gewand,
damit meine Seele nicht erfriert.

PSALM 148,1–6

Mein Tag

Mittwoch

15

OKTOBER

Ihr sollt in Freuden ausziehen
und im Frieden geleitet werden.
JESAJA 55,12

Die 72 Jünger kehrten zurück
und berichteten voller Freude:
Herr, sogar die Dämonen gehorchen uns,
wenn wir uns auf deinen Namen berufen.
Jesus sagte zu ihnen:
Ihr sollt euch nicht darüber freuen,
dass euch die Geister gehorchen.
Freut euch vielmehr darüber,
dass eure Namen im Himmel
aufgeschrieben sind.
LUKAS 10,17.18.20 BB

5☆

Darüber kann ich mich gerade freuen:

1. Herbstwald
2. Wochenendpläne
3. Morgenluft
4. Fußballtraining
5. Gute Note

Meine Top five:

____

____

____

____

____

Freude,
du Schwester des Dunkels,
Schwester des Leids,
größer denn alles,
Bewegerin der Zeit.

Freude,
vom Herzen Gottes
gesandt in die Zeit,
flutend umhülle
mein Licht
und mein Leid.

HEDWIG-MARIA WINKLER

PSALM 148,7–14

Donnerstag

16

OKTOBER

Fürchte dich nicht,
denn ich bin mit dir
und will dich segnen.

1. MOSE 26,24

Gelobt sei Gott,
der Vater unseres Herrn
Jesus Christus,
der uns gesegnet hat
mit allem geistlichen Segen
im Himmel durch Christus.

EPHESER 1,3

Ich lasse mich vom Anfang kitzeln –
Mich locken vom Reiz des Neuen –
Gib Du mir Segenskraft in meine Neugier,
Hoffnungsmut in meine Unsicherheit
und ein bisschen Wahnsinn,
um wieder neu zu beginnen.

BARBARA HUBER-BERTL

LUKAS 19,41–44

Mein Tag

Freitag 17 OKTOBER

Ich lasse dich nicht,
du segnest mich denn.
1. MOSE 32,27

Da wurden Kinder zu Jesus gebracht,
dass er die Hände
auf sie legte und betete.
MATTHÄUS 19,13

Man darf nie verlernen, die Welt mit den Augen eines Kindes zu sehen.

HENRI ÉMILE BENOIT MATISSE, FRANZÖSISCHER MALER

weil alles gelegen an deinem Segen
warmer Sommerregen
und Lächeln über meinem Leben
so viel Fülle zum Weitergeben
weil es einfach nicht ohne geht
wie Atem, der den Körper belebt
hör ich nicht auf zu bitten,
dich festzuhalten,
immer wieder die Hände zu falten
zu warten, bis du endlich gibst
und dein Segen überfließt
wie ein kleines Kind, das weiß, was es will
– erst dann bin ich endlich still.

LUKAS 19,45–48

Mein Tag

Samstag
18
OKTOBER

Bei dir, Herr, unser Gott,
ist Barmherzigkeit und Vergebung.
DANIEL 9,9

In Jesus Christus haben wir
die Erlösung durch sein Blut,
die Vergebung der Sünden,
nach dem Reichtum seiner Gnade.
EPHESER 1,7

Die schwarze Wolke meiner Sünde hat keinen Regen in sich, sie hat ihn über Christus ausgegossen.
C. H. SPURGEON,
PREDIGER IM 19. JAHRHUNDERT

Vor dir darf ich ans Licht bringen,
was in mir dunkel ist.
Vor dir darf ich annehmen,
was ich sonst nicht
an mir wahrhaben will.
ERICH GUNTLI

LUKAS 20,1–8

Mein Tag

Sonntag 19 OKTOBER

Während sich in der Ukraine meine Mutter mit meinen kleinen Neffen, ebenso wie meine Studentinnen und Studenten,
meine Freunde und Kollegen in improvisierten Bombenkellern versteckten, quälte ich mich mit einem Handy in der Hand, immer mit dem Kopf in den Front-Nachrichten und Social-Media-Kanälen, durch mein sicheres Leben im sonnigen warmen Kolumbien.
Die Unmöglichkeit, physisch dort zu sein, wo eigentlich mein Platz, wo meine tatkräftige Hilfe am nötigsten wäre, zerreißt mein Herz. Jeder neuer Kriegsmonat brachte und bringt starke negative Gefühle mit: Wut, Angst, Rachgier, Zorn, Hilflosigkeit.
In dieser Not suchte ich nach Hilfe und noch nie zuvor habe ich mich so intensiv mit dem Wort Gottes auseinandergesetzt wie in dieser Kriegszeit. Ich habe tatsächlich in der Bibel Hilfe gefunden, sie kam aber zu mir nicht in Gestalt einer Liebes- oder Versöhnungsbotschaft, nein, ich fand in der Bibel die Widerspieglung meiner dunklen Wünsche und Ängste, und darüber hinaus fand ich deren Akzeptanz. So lernte ich, beim Lesen mich mit dem Zorn und der Angst, mit diesen Gefühlen auseinanderzusetzen und sie zu verarbeiten.

DOMINIKA RANK

Gott, schweige doch nicht!
Gott, bleib nicht so still und ruhig!
Denn siehe, deine Feinde toben,
und die dich hassen,
erheben das Haupt.

PSALM 83,2–3

Herr,
sollen wir mit dem Schwert
dreinschlagen?

LUKAS 22,49

LUKAS 20,9–19

Montag 20 OKTOBER

Seine Herrschaft wird sein
von einem Meer bis zum andern
und bis an die Enden der Erde.

SACHARJA 9,10

Wiederum führte
der Teufel Jesus mit sich
auf einen sehr hohen Berg
und zeigte ihm alle Reiche der Welt
und ihre Herrlichkeit
und sprach zu ihm:
Das alles will ich dir geben,
wenn du niederfällst
und mich anbetest.
Da sprach Jesus zu ihm:
Weg mit dir, Satan!

MATTHÄUS 4,8–10

S.D.G. – diese drei Buchstaben schrieb der berühmte Komponist Johann Sebastian Bach im 18. Jahrhundert unter viele seine Werke. Sie stehen für Soli Deo Gloria, das bedeutet: Allein Gott sei die Ehre.

Der im Anfang war, der am Ende bleibt,
dessen Wort die Schöpfung schrieb.
Von dem alles kommt, zu dem alles führt,
der jedes Leben in sich birgt.
Soli Deo Gloria. Soli Deo Gloria.

REBECCA WATTA

LUKAS 20,20–26

Mein Tag

Dienstag 21 OKTOBER

Abram zog aus,
wie der HERR zu ihm gesagt hatte.
1. MOSE 12,4

So hat Gott auch uns berufen,
nicht allein aus den Juden,
sondern auch aus den Heiden.
RÖMER 9,24

Was ist das Abenteuer, in das Gott dich ruft?

Du hast mich erwählt,
bereits von Anfang an.
Jetzt hab ich dich gefunden
und hab dich erkannt.
Ohne dass ich es verdient hab,
gibst du mit ein neues Fundament.
Du gibst mir ein neues Leben.
BASTIAN UND LEA RAUSCHMAIER

LUKAS 21,1–4

Mittwoch

22

OKTOBER

So spricht der HERR:
Gleichwie ich über dies Volk
all dies große Unheil
habe kommen lassen,
so will ich auch alles Gute über sie
kommen lassen,
das ich ihnen zugesagt habe.

JEREMIA 32,42

Unsre Hoffnung steht fest für euch,
weil wir wissen:
Wie ihr an den Leiden teilhabt,
so habt ihr auch am Trost teil.

2. KORINTHER 1,7

Wenn das Herz schwer wird,
sich um uns herum alles dreht.
Wenn die Gedanken wie Blei sind,
uns alles über den Kopf wächst.
Wenn wir die Schultern hängen lassen,
uns die Kraft verlässt.
Genau dann sieht er auf uns.
genau dann hört er uns zu.
Genau dann spricht er uns an.

M.C. LEITSCHUH/P. JANSEN

JEREMIA 1,1–12

Mein Tag

Donnerstag

23

OKTOBER

Bringt eine Mutter es fertig,
ihren Säugling zu vergessen?
Hat sie nicht Mitleid mit dem Kind,
das sie in ihrem Leib getragen hat?
Und selbst wenn sie es
vergessen könnte,
ich vergesse euch nicht!

JESAJA 49,15 GN

Gott ist Liebe.

1. JOHANNES 4,8

Du, die Liebe
trotz meiner Fehler
trägt durch tiefe Täler

Du, die Liebe
alles hält, was sie verspricht
immer treu und nie zerbricht

Du, die Liebe
von keinem Ende weiß
bezahlt mit ihrem Leben den Preis

JEREMIA 1,13–19

Freitag 24 OKTOBER

Es gibt eine Hoffnung
für deine Zukunft,
spricht der HERR.
JEREMIA 31,17

Gott wollte in den kommenden Zeiten
den überwältigenden Reichtum
seiner Gnade zeigen durch die Güte,
die er uns erweist in Christus Jesus.
EPHESER 2,7 ZB

Wie schaust du in die Zukunft? Und wie beeinflusst das, wie du heute lebst?

Du, Gott,
wenn ich an die Zukunft denke,
bereitet mir das kribbelige Bauchschmerzen.
Vorfreude und Angst prallen aufeinander.
Aber einfach mal kurz zu mir zu kommen,
an dich zu denken und meine Ruhe zu haben,
tut mir gut und gibt mir Kraft.
Und irgendwie sitzt du irgendwo ganz tief
in mir drin und flüsterst mir immer wieder zu,
dass ich das schaffen werde.
Alles.
HANNAH

JEREMIA 2,1–9

Mein Tag

Samstag 25 OKTOBER

Ihr sollt Brot die Fülle haben
und sollt sicher
in eurem Lande wohnen.
3. MOSE 26,5

Gottes Brot ist dasjenige,
das vom Himmel herabkommt
und der Welt Leben gibt.
JOHANNES 6,33 ZB

Brot über Brot, so viele Sorten,
schmecken wir überhaupt noch Unterschiede?
Wir können essen, so viel wir wollen,
jeden Morgen sind die Regale neu gefüllt.
Du versorgst, daran wollen wir uns heute
mit jeder Scheibe Brot erinnern.
Und lass uns bei so viel Brot nicht vergessen,
dass du noch viel mehr für uns bereithältst.
Du selbst bist das beste Brot,
das den Lebenshunger stillt!
Du machst wirklich satt!

JEREMIA 2,10–13

Sonntag

26

OKTOBER

Weigere dich nicht,
dem Bedürftigen Gutes zu tun,
wenn deine Hand es vermag.

SPRÜCHE 3,27

Wenn in eure Versammlung ein Mann
kommt mit einem goldenen Ring und in
herrlicher Kleidung,
es kommt aber auch ein Armer in un-
sauberer Kleidung,
und ihr seht auf den,
der herrlich gekleidet ist,
und sprecht zu ihm:
Setz du dich hierher
auf den guten Platz!,
und sprecht zu dem Armen:
Stell du dich dorthin!,
oder: Setz dich
unten zu meinen Füßen!,
macht ihr dann nicht Unterschiede
unter euch und urteilt
mit bösen Gedanken?

JAKOBUS 2,2–4

Mein Tag

Heute einen zweiten Blick riskieren,
bevor du dein Gegenüber
in eine Schublade steckst!

Herr, wie gut wäre es,
könnte ich eines Tages
mit schmutzigen Händen vor Dir stehen.
Du würdest sagen: »Es war gut.
Du hast Dich eingemischt.
Du hast angepackt.
Du hast auch Fehler gemacht,
hast verletzt, hast verdorben.
Aber Du hast Deine Hände
nicht im Schoß versteckt.
Du gibst sie mir
gebraucht
zurück.«

BERNHARD MEUSER

JEREMIA 5,1–6

Mein Tag

Montag 27 OKTOBER

Aller Augen warten auf dich,
und du gibst ihnen ihre Speise
zur rechten Zeit.
Du tust deine Hand auf
und sättigst alles, was lebt,
mit Wohlgefallen.

PSALM 145,15–16

Johannes der Täufer sprach:
Wer zwei Hemden hat, der gebe dem,
der keines hat; und wer Speise hat,
tue ebenso.

LUKAS 3,11

Wie oft willst du es noch übersehen
wie oft überhören
es reicht eben nicht
weil es dein Herz nicht erreicht
Es reicht, ja
du hast Recht
es würde für alle reichen
nicht nur für die Reichen
siebenmal siebzigmal
Hunger ist ein Problem
das heute gelöst werden kann
an dieser Wahrheit darf man
sich nicht satt hören

CHRISTINA BRUDERECK, THEOLOGIN UND AUTORIN

Du hast mich mit mehr
als genug beschenkt.
Hilf mir beim Teilen!

JEREMIA 5,12–17

Dienstag 28 Oktober

Mein Tag

Stolz führt zum Sturz,
und Hochmut kommt vor dem Fall!
SPRÜCHE 16,18 HFA

Jesus sprach:
Was aus dem Menschen herauskommt,
das macht den Menschen unrein.
MARKUS 7,20

Im Stolz versteckt man seine Fehler am besten.

SULAMITH SPARRE,
DICHTERIN UND JOURNALISTIN

Du weißt, was in mir ist,
auch wenn ich es manchmal nicht wahrhaben will.
Du weißt, wenn ich auf andere herabschaue,
mir heimlich einbilde, ich hätte Recht
oder wenn ich denke, ich bin etwas Besseres.
Vielleicht mache ich das,
um mich selber besser zu fühlen?
Bitte hilf mir in diesen Momenten.
Mach mir bewusst, dass ich gut genug bin.
Und die anderen auch.

JEREMIA 5,26–31

Mein Tag

Mittwoch 29 OKTOBER

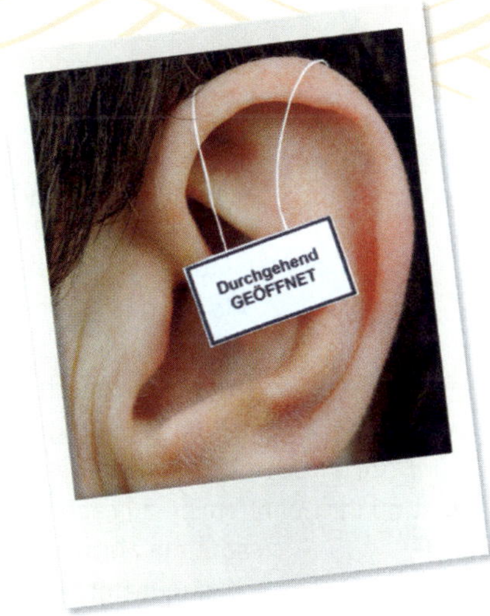

Der HERR spricht:
Werdet ihr meiner Stimme gehorchen
und meinen Bund halten,
so sollt ihr mein Eigentum sein
vor allen Völkern;
denn die ganze Erde ist mein.

2. MOSE 19,5

Jesus spricht:
Wenn ihr meine Gebote haltet,
bleibt ihr in meiner Liebe,
so wie ich meines Vaters Gebote
gehalten habe
und bleibe in seiner Liebe.

JOHANNES 15,10

Bei dir, Jesu, will ich bleiben,
stets in deinem Dienste stehn;
nichts soll mich von dir vertreiben,
will auf deinen Wegen gehn.

PHILIPP SPITTA

JEREMIA 7,1–11

Donnerstag

30

OKTOBER

Mein Tag

Wende dich, HERR,
und errette meine Seele,
hilf mir um deiner Güte willen!
PSALM 6,5

Gott tröstet uns
in aller unserer Bedrängnis,
damit wir auch trösten können,
die in allerlei Bedrängnis sind,
mit dem Trost, mit dem wir selber
getröstet werden von Gott.
2. KORINTHER 1,4

Ein kleiner Junge kam
später nach Hause,
als die Mutter erwartet hatte.
Als sie nach dem Grund
der Verspätung fragte,
antwortete das Kind:
»Ich habe Julia geholfen.
Ihre Puppe ist kaputtgegangen.« –
»Hast du ihr geholfen sie zu reparieren?«,
fragte die Mutter. »Nein«,
antwortete das Kind.
»Ich habe ihr geholfen zu weinen.«

In die Nacht
deinen Namen rufen,
der dich niemals umfasst
und der doch so nah
und tröstlich klingt.
TINA WILLMS

JEREMIA 7,16–20

Mein Tag

Freitag 31 OKTOBER

Warum – sagt der HERR –
klagt ihr mich an?
Ihr wolltet doch
von mir nichts mehr wissen!

JEREMIA 2,29 GN

Darin sind die Menschen gleich:
Alle sind schuldig geworden
und spiegeln nicht mehr
die Herrlichkeit wider,
die Gott dem Menschen ursprünglich
verliehen hatte.
Aber was sich keiner verdienen kann,
schenkt Gott in seiner Güte:
Er nimmt uns an,
weil Jesus Christus uns erlöst hat.

RÖMER 3,22–24 HFA

Allein die Schrift – deine Worte machen mich gewiss
Allein durch Glauben – werde ich gerettet
Allein aus Gnade – nimmst du mich an
Allein Jesus Christus – ist der Weg zu dir, mein Gott.

RÖMER 3,28–31

11
25

November

Gott spricht: Ich will das Verlorene wieder suchen und das Verirrte zurückbringen und das Verwundete verbinden und das Schwache stärken.

HESEKIEL 34,16

MONTAG		03	10	17	24
DIENSTAG		04	11	18	25
MITTWOCH		05	12	19	26
DONNERSTAG		06	13	20	27
FREITAG		07	14	21	28
SAMSTAG	01	08	15	22	29
SONNTAG	02	09	16	23	30

Samstag

01

NOVEMBER

Wenn ich schaue
allein auf deine Gebote,
so werde ich nicht zuschanden.

PSALM 119,6

Jesus spricht:
Bei anderen jedoch ist es
wie mit der Saat,
die auf guten Boden fällt.
Mit aufrichtigem
und bereitwilligem Herzen hören
sie das Wort;
sie halten daran fest,
lassen sich nicht entmutigen
und bringen Frucht.

LUKAS 8,15 NGÜ

Jedes Wort von dir, es kehrt nicht leer zurück,
weil es so mächtig ist, weil es das Leben ist.
Jedes Wort von dir, es kehrt nicht leer zurück,
denn es bringt seine Frucht, weil dein Wort ewig ist.

LOTHAR KOSSE

Mein Tag

Kennst du Seedbombs? Mit wenig Zeit und Material lassen sie sich sogar selbst herstellen! Vielleicht ein schönes Geschenk mit Überraschungseffekt?

JEREMIA 9,22–23

Sonntag

02

NOVEMBER

Mein Tag

Es sollen viele Völker
sich zum HERRN wenden
und sollen mein Volk sein.

SACHARJA 2,15

Gott wird bei ihnen wohnen,
und sie werden seine Völker sein,
und er selbst, Gott mit ihnen,
wird ihr Gott sein.

OFFENBARUNG 21,3

Kann man Heimweh haben nach einer Welt, die man noch gar nicht kennt?

Hast den Himmel verlassen, um uns ganz nah zu sein.
Du, Gott, bist mit uns.
Wirst wiederkommen, dann wird Himmel auf Erden sein.
Du, Gott, mitten unter uns.

JEREMIA 11,18–23

Mein Tag

Montag
03
NOVEMBER

Siehe,
auch jetzt noch
ist mein Zeuge im Himmel,
und mein Fürsprecher
ist in der Höhe.

HIOB 16,19

#Hohepriester

Er leitete am großen Versöhnungstag im Tempel in Jerusalem den Gottesdienst, in dem die Sünden beseitigt werden, die trennend zwischen Gott und den Menschen stehen. Indem Jesus Christus am Kreuz für die Sünden der Menschen gestorben ist, übernimmt er diese Rolle.

SACHERKLÄRUNGEN DER BASISBIBEL

Wir haben einen großen Hohepriester,
der alle Himmel durchschritten hat:
Es ist Jesus, der Sohn Gottes.
Lasst uns also an dem Bekenntnis
zu ihm festhalten!

HEBRÄER 4,14 BB

Du, Jesus
trittst für mich ein
legst deine Hand ins Feuer
stehst auf meiner Seite
gibst alles
sogar dein letztes Hemd
du bist für mich
immer
danke

JEREMIA 13,1–11

Dienstag 04 November

Mein Tag

Ich werde wandeln
vor dem HERRN
im Lande der Lebendigen.
PSALM 116,9

Genau das sollt ihr auch
von euch denken:
Für die Sünde seid ihr tot.
Aber ihr lebt für Gott,
weil ihr zu Christus Jesus gehört.
RÖMER 6,11 BB

Mit oder ohne Gott leben, das ist die eigentliche und größte Lebensfrage.

CARL HILTY, STAATSRECHTLER
UND POLITIKER IM 19. JAHRHUNDERT

Zwischen Himmel und Erde sind wir noch,
und das, was wir nicht wollen, tun wir doch
in dieser Zwischenzeit, in dieser Zwischenzeit.
Mitten in dieser Welt, doch nicht von dieser Welt,
wir gehören zu dir und doch sind wir noch hier.
ALBERT FREY

JEREMIA 15,10.15–18

Mein Tag

Mittwoch

05

NOVEMBER

Lasst uns unsere Wege prüfen
und erforschen,
und lasst uns zurückkehren
zum HERRN!

KLAGELIEDER 3,40 ZB

Das ist meine Bitte an Gott:
dass er eure Liebe,
verbunden mit der rechten Erkenntnis
und dem nötigen Einfühlungsvermögen,
immer größer werden lässt.
Dann werdet ihr in allem
ein sicheres Urteil haben
und werdet ein reines,
untadeliges Leben führen,
bereit für den Tag,
an dem Christus wiederkommt.

PHILIPPER 1,9–10 NGÜ

Wenn dein Herz wandert oder leidet, bring es behutsam an seinen Platz zurück und versetzte es in die Gegenwart des Herrn. Uns selbst, wenn du in deinem Leben nichts getan hast, außer dein Herz zurückzubringen und wieder in die Gegenwart Gottes zu versetzen, obwohl es jeden Mal wieder fortlief, nachdem du es zurückgeholt hast, dann hast du dein Leben wohl gefüllt.

FRANZ VON SALES, KIRCHENLEHRER
IM 16.–17. JAHRHUNDERT

Wenn es um die Liebe geht,
dann lass mich in ein paar Jahren
bitte einige Größen zugenommen haben!

JEREMIA 15,19–21

Donnerstag

06

NOVEMBER

Mein Tag

Um meines Namens willen
halte ich meinen Zorn zurück,
und um meines Ruhmes willen
bezähme ich mich zu deinen Gunsten,
dass ich dich nicht ausrotte.

JESAJA 48,9 ZB

Der Engel sprach zu Josef:
Maria wird einen Sohn gebären,
dem sollst du den Namen Jesus geben,
denn er wird sein Volk retten
von ihren Sünden.

MATTHÄUS 1,21

Schließen sich Zorn und Liebe gegenseitig aus?

Nichts, nichts hat dich getrieben zu mir vom Himmelszelt
als das geliebte Lieben, damit du alle Welt
in ihren tausend Plagen und großen Jammerlast,
die kein Mund kann aussagen, so fest umfangen hast.

PAUL GERHARDT

JEREMIA 17,5–8

Mein Tag

Freitag 07 NOVEMBER

#heutemallautaufdrehen

Lass deiner sich freuen
und fröhlich sein alle,
die nach dir fragen.
PSALM 40,17

Gelobt sei, der da kommt,
der König, in dem Namen des Herrn!
Friede sei im Himmel
und Ehre in der Höhe!
LUKAS 19,38

Wer du auch immer bist,
sei es ganz und weiter nichts.
Sing das schönste deiner Lieder.
Vergrab nicht dein Gesicht,
sei nur alles, was du bist.
Sing das schönste deiner Lieder!
REBECCA WATTA

JEREMIA 17,14–18

Mein Tag

Samstag 08 NOVEMBER

Die Blinden will ich
auf dem Wege leiten,
den sie nicht wissen;
ich will sie führen auf den Steigen,
die sie nicht kennen.

JESAJA 42,16

Jesus sprach:
Ich bin das Licht der Welt.
Wer mir nachfolgt,
der wird nicht wandeln
in der Finsternis,
sondern wird das Licht
des Lebens haben.

JOHANNES 8,12

Das Licht muss unser Leben sein, wenn unser Leben Licht sein soll.

C. H. SPURGEON,
PREDIGER IM 19. JAHRHUNDERT

Ich bin so oft blind. Für einzigartige Details.
Tiefe unter der Oberfläche. Offene Türen und kreative Lösungen.
Augen öffnende Wahrheiten. Schönes im Alltäglichen.
Kleine Wunder. Nimm mich an deine Hand.
Führe mich durch diesen Tag. Lehre mich,
innezuhalten und wahrzunehmen, was du mir zeigen willst.

JEREMIA 18,1–6

Mein Tag

Sonntag 09 November

So hütet euch nun,
dass ihr den Bund des HERRN,
eures Gottes, nicht vergesst,
den er mit euch geschlossen hat,
und nicht ein Bildnis macht
von irgendeiner Gestalt,
wie es der HERR, dein Gott,
geboten hat.

5 .MOSE 4,23

Weil Gott die Welt geschaffen hat,
können die Menschen
sein unsichtbares Wesen,
seine ewige Macht
und göttliche Majestät
mit ihrem Verstand
an seinen Schöpfungswerken
wahrnehmen.

RÖMER 1,20 GN

Wo kannst du in der Schöpfung Gottes Macht erkennen? Welche Aufnahme würdest du hier abdrucken?

Die Sonne am Tag, der Mond in der Nacht: wir können dich sehn.
Wenn nach ihrem Schlaf die Erde erwacht: wir können dich sehn.
Ein wütender Sturm, ein wärmendes Licht: wir können dich sehn.
Zum Gipfel hinauf, du öffnest die Sicht: wir können dich sehn.

D. MAY/A. BAER/E. PFAFFENROT/A. SCHNEIDER/M. JÄGER

JEREMIA 20,7–11

Montag
10
NOVEMBER

Mein Tag

Warum willst du mit Gott hadern,
weil er auf Menschenworte
nicht Antwort gibt?
Denn auf eine Weise redet Gott
und auf eine zweite;
nur beachtet man's nicht.

HIOB 33,13–14

Wer Ohren hat, der höre,
was der Geist den Gemeinden sagt!

OFFENBARUNG 2,7

Bereit für einen verrückten Versuch?
Schalte diese Woche jeden Tag
für zehn Minuten
dein Smartphone auf Flugmodus
und mach auch alle anderen
elektronischen Geräte aus.
Sei in dieser Zeit für nichts
und niemanden erreichbar –
außer für dich und Gott.

Die ausgetretenen Wortwege
verlasse ich,
um einzutreten
in den Raum des Schweigens.
Warten will ich,
bis die Stille
das Laute überwächst
und ich ganz Ohr werde
für Deine Gegenwart.

ANTJE SABINE NAEGELI

JEREMIA 23,5–6

Mein Tag

Dienstag

11

NOVEMBER

Fürchte dich nicht
und verzage nicht!
JOSUA 8,1

Da berührte Jesus
ihre Augen und sprach:
Euch geschehe nach eurem Glauben!
Und ihre Augen wurden geöffnet.
MATTHÄUS 9,29–30

*Glaube ist Liebe
zum Unsichtbaren,
Vertrauen
aufs Unmögliche,
Unwahrscheinliche.*

JOHANN WOLFGANG VON GOETHE,
DEUTSCHER DICHTER

Rühr mich an, Jesus,
damit ich aus meiner Angststarre erwache
der Tunnelblick neuer Zuversicht weicht
und ich mit dir neue Schritt wage.

JEREMIA 36,1–7

Mittwoch

12

NOVEMBER

Ihr sollt richten
ohne Ansehen der Person,
den Kleinen sollt ihr anhören
wie den Großen,
und ihr sollt euch
vor niemandem fürchten,
denn es ist Gottes Gericht.

5. MOSE 1,17 ZB

Wenn ihr andere
aber nach ihrem Ansehen beurteilt,
macht ihr euch schuldig.
Und das Gesetz deckt
eure Übertretung auf.

JAKOBUS 2,9 BB

Meine engen Grenzen,
meine kurze Sicht
bringe ich vor dich.
Wandle sie in Weite:
Herr, erbarme dich.

EUGEN ECKERT

Mein Tag

Merkmale, nach denen wir schnell (ver)urteilen:

1. Klamotten
2. Hautfarbe
3. Ausdrucksweise
4. Schulabschluss
5. Geschlecht

Meine Top five:

JEREMIA 36,8–19

Mein Tag

Donnerstag

13

NOVEMBER

HERR,
ich freue mich über deine Hilfe.
1. SAMUEL 2,1 ZB

Gott sei Dank,
der uns den Sieg gibt
durch unsern Herrn Jesus Christus!
1. KORINTHER 15,57

mit Problemen zu dir laufen
abladen
durchatmen
Kraft tanken
gestärkt wieder
durchstarten
mit deiner Hilfe rechnen

JEREMIA 36,20–32

Freitag
14
NOVEMBER

Mein Tag

Wie ein Adler ausführt
seine Jungen und über ihnen schwebt,
breitete der HERR seine Fittiche aus
und nahm sein Volk
und trug es auf seinen Flügeln.

5. MOSE 32,11

Jesus spricht:
Mein Vater, der sie mir anvertraut hat,
ist mächtiger als alle.
Niemand kann sie aus
seiner Hand reißen.

JOHANNES 10,29 BB

Der, der für uns ist,
ist größer als alle,
die gegen uns
sein könnten.

JAMES HUDSON TAYLOR,
MISSIONAR IN CHINA IM 19. JAHRHUNDERT

Halte Du mich
wenn ich
den Halt verliere.

Halte durch
mit mir.

Ewiger Gott.

Amen.

STEPHAN WAHL

JEREMIA 37,1–16

Mein Tag

Samstag 15 NOVEMBER

Fülle uns frühe mit deiner Gnade,
so wollen wir rühmen
und fröhlich sein unser Leben lang.

PSALM 90,14

Gott ist es, der alles in uns wirkt.
Wie wenn einer aufwacht und tief Atem holt,
so fühlt der Mensch in seinem Inneren
eine überirdische Freude.
Gottes Geist entzündet im Menschen
Liebe über alles Sagen und Sinnen hinaus,
bis hinein in die göttlichen Tiefen.

JOHANNES VOM KREUZ,
KIRCHENLEHRER IM 16. JAHRHUNDERT

Das Ziel der Unterweisung
ist Liebe aus reinem Herzen
und aus gutem Gewissen
und aus ungeheucheltem Glauben.

1. TIMOTHEUS 1,5

Mein Herz es jubelt laut
Und ich lass die Freude raus
Meine Seele singt
Ich hab den Himmel in mir
Jeder soll erfahren
Du hast Großes an mir getan
Meine Seele lacht
Hast mir den Himmel gebracht

J. BUCH/D. HOGGER/J. SCHMIDT

JEREMIA 37,17–21

Sonntag

16

NOVEMBER

Der HERR sah ihre Not an,
als er ihre Klage hörte,
und gedachte um ihretwillen an
seinen Bund.
PSALM 106,44–45

Und sie steinigten Stephanus;
der rief den Herrn an und sprach:
Herr Jesus, nimm meinen Geist auf!
APOSTELGESCHICHTE 7,59

WANTED

Steckbrief: Stephanus

erste Person, von der überliefert ist, dass sie wegen ihres Bekenntnisses zu Jesus Christus getötet wurde

Aufgabe in der Gemeinde: Apg 6,1–5

bekannt für: Apg 6,8.10

angeklagt wegen: Apg 6,11

Inhalt seiner Verteidigungsrede: (längste Rede in der Apostelgeschichte) Apg 7,1–53

starb durch: Apg 7,58

Person, die an seinem Todesurteil beteiligt war und später bedeutender Missionar wurde: Apg 7,58

seine letzten Worte: An wen erinnern sie dich? Apg 7, 59–60

seit dem 3./4. Jahrhundert Gedenktag am:

JEREMIA 38,1–13

Mein Tag

Montag 17 November

Die Wege des HERRN
sind lauter Güte
und Treue für alle,
die seinen Bund
und seine Zeugnisse halten.

PSALM 25,10

Good to know

Jesus eröffnet seine Bergpredigt mit den sogenannten »Seligpreisungen« (Matthäus 5). Diese beschreiben Eigenschaften, die seine NachfolgerInnen auszeichnen. Zusätzlich enthalten sie einen Zuspruch bzw. eine Verheißung, die auf dieser Art von Lebensstil liegt. Wer nun lebt, wie Jesus es in der Bergpredigt beschreibt, wird unter Umständen auch unbequeme Konsequenzen in Kauf nehmen müssen. Die Bereitschaft, Widerstand zu ertragen, wird hier als abschließende Tugend beschrieben.

Jesus spricht: **Selig seid ihr,
wenn euch die Menschen
um meinetwillen schmähen
und verfolgen und allerlei Böses gegen
euch reden und dabei lügen.
Seid fröhlich und jubelt;
es wird euch im Himmel
reichlich belohnt werden.**

MATTHÄUS 5,11–12

Herr, an deinen Wegen
ist mir mehr gelegen als an Gold
Mit deinem Segen will ich gehen

SAMUEL HARFST

JEREMIA 39,1.15–18

Mein Tag

Dienstag 18 NOVEMBER

Der HERR ist ein Schild allen,
die ihm vertrauen.

PSALM 18,31

Wo keine Hoffnung war,
hat Abraham auf Hoffnung
hin geglaubt,
auf dass er der Vater
vieler Völker werde.

RÖMER 4,18

Geht nicht – gibts nicht.
Kein Berg zu hoch, kein Abgrund zu tief,
kein Problem zu schwer, keine Situation zu kompliziert,
keine Zukunft zu schwarz, kein Ausweg zu verrückt.
Hilf mir, dir zu vertrauen
in allen Lebenslagen.

JEREMIA 39,2–14

Mein Tag

Mittwoch 19

NOVEMBER

BUSS- UND BETTAG D

Weh denen, die Unheil planen,
weil sie die Macht haben!
MICHA 2,1

Jesus rief die Jünger zu sich
und sprach: Ihr wisst,
dass die Herrscher
ihre Völker niederhalten
und die Mächtigen ihnen Gewalt antun.
So soll es nicht sein unter euch.
MATTHÄUS 20,25–26

Wo beginnen die universellen Menschenrechte? An den kleinen Orten, nahe dem eigenen Zuhause. So nah und so klein, dass diese Orte auf keiner Weltkarte zu finden sind. Und doch sind diese Plätze die Welt des Einzelnen: die Nachbarschaft, in der wir leben, die Schule oder die Universität, die wir besuchen, die Fabrik, der Bauernhof oder das Büro, in dem wir arbeiten. Das sind die Orte, wo jeder Mann, jede Frau und jedes Kind gleiche Rechte, gleiche Chancen und gleiche Würde ohne Diskriminierung sucht. Wenn diese Rechte hier nicht gelten, gelten sie nirgendwo.

ELEANOR ROOSEVELT, MITVERFASSERIN
DER ALLGEMEINEN ERKLÄRUNG DER MENSCHENRECHTE

KLAGELIEDER 3,19–26

Donnerstag

20

NOVEMBER

Mein Tag

Gott der HERR
machte den Menschen
aus Staub von der Erde
und blies ihm den Odem
des Lebens in seine Nase.
Und so ward
der Mensch ein lebendiges Wesen.

1. MOSE 2,7

Deshalb lebe ich also nicht mehr selbst,
sondern Christus lebt in mir.
Zwar lebe ich noch in dieser Welt,
aber ich lebe im Glauben
an den Sohn Gottes.
Er hat mir seine Liebe geschenkt
und sein Leben für mich hingegeben.

GALATER 2,20 BB

Forscherinnen und Forscher haben herausgefunden, wie sie im Handumdrehen aus Erde einen Menschen formen und ihm Leben einhauchen können, so wie Gott es einst bei Adam getan hatte. Sie besuchen Gott und sagen ihm: »Du bist unnütz geworden, denn wir können jetzt unseren eigenen Menschen machen. Sieh zu, dass du wegkommst!« Da antwortet Gott: »Ich mache euch einen Vorschlag: Bereitet vor, was ihr braucht, und wir treffen uns morgen wieder. Wenn ihr schneller einen Menschen erschaffen könnt als ich, gebe ich mich geschlagen und werde gehen.« Die Forscherinnen und Forscher sind einverstanden. Am nächsten Tag treffen sie sich wieder, gleicher Ort, gleiche Zeit. Die Forschenden sind als Erste an der Reihe. Gerade wollen sie eine Handvoll Erde vom Boden nehmen – da ruft Gott: »Stopp, Leute! Das ist Betrug! Jeder nimmt seine eigene Erde!«

Atem Gottes,
belebe mich wieder neu!

PSALM 79,1–7

Mein Tag

Freitag 21 NOVEMBER

HERR, du bist Gott,
und deine Worte sind Wahrheit.
2. SAMUEL 7,28

Wenn ihr bleiben werdet an
meinem Wort, so seid ihr
wahrhaftig meine Jünger
und werdet die Wahrheit erkennen,
und die Wahrheit
wird euch frei machen.
JOHANNES 8,31–32

Ich preise Dich, mein Vater,
für die Sehnsucht nach Wahrheit,
die Du tief in mich eingepflanzt hast.
Sie lässt sich nicht abspeisen
mit leeren Versprechungen,
einfachen Lösungen
und hohlen Phrasen.

Ich bitte Dich, mein Vater,
dass Du mit mir
auf die Wahrheit meines Lebens schaust,
auf alles Echte und alles Falsche,
auf alles Wahre und alle Lüge,
auf alle Fülle und alle Leere.

Ich vertraue Dir, mein Vater,
dass Du in mein Leben kommst,
mit Deinem Licht meine Dunkelheit hell machst
und für mich die Wahrheit bist,
die alle meine Sehnsucht stillen wird.

Amen.

DÖRTE SCHRÖMGES

PSALM 79,8–13

Samstag 22 NOVEMBER

Ich bin gnädig, spricht der HERR,
und will nicht ewiglich zürnen.
Allein erkenne deine Schuld,
dass du wider den HERRN,
deinen Gott, gesündigt hast.

JEREMIA 3,12–13

Vergib uns unsere Schuld,
wie auch wir vergeben haben jenen,
die an uns schuldig geworden sind.

MATTHÄUS 6,12 ZB

plötzlich fängt es an zu schneien
weiße Flocken decken zu
alle Spuren und Fehltritte
ich darf neu anfangen
und so beschenkt auch anderen sagen:
das ist Schnee von gestern!

1. THESSALONICHER 1,1–5

Mein Tag

Sonntag 23 November

Der HERR spricht:
Ich habe dich zum Licht der Völker
gemacht, dass mein Heil
reiche bis an die Enden der Erde.

JESAJA 49,6

Paulus sah eine Erscheinung
bei Nacht: Ein Mann aus Makedonien
stand da und bat ihn:
Komm herüber nach Makedonien
und hilf uns!
Als er aber die Erscheinung
gesehen hatte, da suchten wir
sogleich nach Makedonien zu reisen,
gewiss, dass uns Gott
dahin berufen hatte,
ihnen das Evangelium zu predigen.

APOSTELGESCHICHTE 16,9–10

*Zünde eine Kerze an
und bete für jemanden,
der gerade
im Dunkeln sitzt.*

Jesus, du lebst in uns.
Wo wir sind, bist auch du.
Wer braucht dich?
Zum wem sollen wir gehen?

1. THESSALONICHER 1,6–10

Montag
24
NOVEMBER

Mein Tag

König Nebukadnezar sprach:
Es gefällt mir, die Zeichen und Wunder zu verkünden, die der höchste Gott an mir getan hat.
DANIEL 3,32

Jesus sprach:
Wer nicht gegen uns ist, der ist für uns.
MARKUS 9,40

Gott, wie Puderzucker über eine frischgebackene Waffel, streust du Zeichen und Wunder über mein Leben. Manche verweht der Wind, ehe ich sie wahrnehme. Andere kleben an jedem Teil meines Herzens. Manche nehme ich bewusst wahr. Wieder andere bemerke ich nicht einmal, weil sie für mich selbstverständlich geworden sind. Hilf mir, deine Zeichen und Wunder zu sehen, damit ich voller Freude davon berichten kann.

Amen.

ANGELIKA FITZNER

Frag mal andere, ob und – wenn ja – wie sie Gott in diesem Jahr erlebt haben!

1. THESSALONICHER 2,1–8

Mein Tag

Dienstag 25 November

Der HERR wird's vollenden
um meinetwillen.
PSALM 138,8

Nachdem Jesus nun
das Ziel erreicht hat, ist er für alle,
die ihm gehorchen,
zum Begründer
ihrer endgültigen Rettung geworden.
HEBRÄER 5,9 GN

Voll Leere bringen wir dir, du Vollbringer, alles, was zu viel oder zu wenig mit uns macht.
Du bist nicht Ergänzung, sondern Anfang und Ende, bei Tag und bei Nacht.
Oft fragen wir uns, wo wir anfangen sollen und wann genug beginnt.
Fühlen uns oft im Dazwischen und mit unsren Grenzen hin- und hergerissen.
Ich glaub, wir verwechseln oft unsre mit deinen Grenzen.
Deine sind anders. Anders schön. Anders weit.
Deine Arme halt. In deinen Armen: Halt.
Tiefer gibts nicht. Tiefer gehts nicht.
Neuer gibts nicht. Voller gehts nicht.
ELISA-BEATRICE RUSS

1. THESSALONICHER 2,9–12

Mittwoch

26

NOVEMBER

Mein Tag

HERR, deine Ratschlüsse
von alters her
sind treu und wahrhaftig.
JESAJA 25,1

Lasst uns festhalten
an dem Bekenntnis der Hoffnung
und nicht wanken; denn er ist treu,
der sie verheißen hat.
HEBRÄER 10,23

Wenn alles wankt und schwankt,
das Leben einen Purzelbaum macht,
mich die nächste Kurve
völlig aus der Bahn wirft,
dann halt ich mich fest
an deinem Versprechen, dass du
_______________________________________.

1. THESSALONICHER 2,13–16

Mein Tag

Donnerstag 27 NOVEMBER

Gott spricht:
Als du mich in der Not anriefst,
half ich dir heraus.

PSALM 81,8

Als Petrus den starken Wind sah,
erschrak er und begann zu sinken
und schrie: Herr, rette mich!
Jesus aber streckte sogleich
die Hand aus und ergriff ihn.

MATTHÄUS 14,30–31

Das zieht mich wieder nach oben:

1. Singen
2. Erinnerungen an bewältigte Krisen
3. Stärkende Worte
4. Laufen
5. Umarmung

Meine Top five:

____

____

____

____

____

meine stärke und mein lied in moll

ach bring doch hilfe
ach herr schenk doch gelingen
ach mach mich dankbar

XANDI BISCHOFF

1. THESSALONICHER 2,17–3,5

Freitag 28 NOVEMBER

Wie der neue Himmel
und die neue Erde, die ich mache,
vor mir Bestand haben,
spricht der HERR,
so soll auch euer Geschlecht
und Name Bestand haben.

JESAJA 66,22

Nathanael antwortete Jesus:
Rabbi, du bist Gottes Sohn,
du bist der König von Israel!

JOHANNES 1,49

Sei gegrüßet, König mild!
Ewig steht dein Friedensthron,
du, des ewigen Vaters Kind.

FRIEDRICH HEINRICH RANKE

1. THESSALONICHER 3,6–10

Mein Tag

Samstag 29 NOVEMBER

Ein Tag in deinen Vorhöfen
ist besser als sonst tausend.

PSALM 84,11

Jesus sagte zu seinen Eltern:
Warum habt ihr mich gesucht?
Wusstet ihr nicht,
dass ich im Haus
meines Vaters sein muss?

LUKAS 2,49 ZB

Gibt es einen Ort, an dem du dich Gott besonders nahe fühlst?

Ich will dein Herz berührn,
mit Liedern dein Haus erfülln.
Es ist genug für mich, dich zu kennen und dort zu sein, wo du bist,
um dich anzubeten, dir alles zu schenken, mein Gott.

ANTON SVOBODA

1. THESSALONICHER 4,13–18

Sonntag 30

NOVEMBER

1. ADVENT

Es wird keiner den andern noch ein
Bruder den andern lehren
und sagen: »Erkenne den HERRN«,
denn sie sollen mich alle erkennen,
beide, Klein und Groß,
spricht der HERR.

JEREMIA 31,34

Als aber die Hohenpriester
und Schriftgelehrten
die Wunder sahen,
die Jesus tat, und die Kinder,
die im Tempel schrien und sagten:
Hosianna dem Sohn Davids!,
entrüsteten sie sich
und sprachen zu ihm:
Hörst du auch, was diese sagen?
Jesus sprach zu ihnen:
Ja! Habt ihr nie gelesen:
Aus dem Munde der Unmündigen
und Säuglinge hast du dir
Lob bereitet?

MATTHÄUS 21,15–16

Mein Tag

wieder
wie ein Kind
mit Spannung erwarten
jeden Tag mehr vorfreuen
die Vorbereitungen genießen
mit strahlenden Augen empfangen

DICH

1. THESSALONICHER 5,12–13

Dezember

12
25

Gott spricht: Euch aber,
die ihr meinen Namen fürchtet,
soll aufgehen die Sonne der Gerechtigkeit
und Heil unter ihren Flügeln.

MALEACHI 3,20

01	08	15	22	29	MONTAG
02	09	16	23	30	DIENSTAG
03	10	17	24	31	MITTWOCH
04	11	18	25		DONNERSTAG
05	12	19	26		FREITAG
06	13	20	27		SAMSTAG
07	14	21	28		SONNTAG

Montag
01
DEZEMBER

Mein Tag

Sende dein Licht
und deine Wahrheit,
dass sie mich leiten
zu deiner Wohnung.
PSALM 43,3

Simeon sprach:
Herr, nun lässt du deinen Diener
in Frieden fahren,
wie du gesagt hast;
denn meine Augen haben
deinen Heiland gesehen, das Heil,
das du bereitet hast
vor allen Völkern,
ein Licht zur Erleuchtung
der Heiden und zum Preis
deines Volkes Israel.
LUKAS 2,29–32

Du Licht des Himmels, großer Gott,
der ausgespannt das Sternenzelt,
und der es hält mit starker Hand,
du sendest Licht in unsere Welt.

Das Reich der Schatten weicht zurück,
das Tageslicht nimmt seinen Lauf
und strahlend, gleich dem Morgenstern,
weckt Christus uns vom Schlafe auf.

Du, Christus, bist der helle Tag,
das Licht, dem unser Licht entspringt,
Gott, der mit seiner Allmacht Kraft
die tote Welt zum Leben bringt.

AUSZUG AUS HYMNUS AUS DEM 6. JAHRHUNDERT

1. THESSALONICHER 5,14–15

Mein Tag

Dienstag 02 DEZEMBER

Bekehre du mich,
so will ich mich bekehren;
denn du, HERR, bist mein Gott!
JEREMIA 31,18

Paulus sprach:
Wir predigen euch das Evangelium,
dass ihr euch bekehren sollt
von diesen nichtigen Göttern
zu dem lebendigen Gott,
der Himmel und Erde und das Meer
und alles, was darin ist,
gemacht hat.
APOSTELGESCHICHTE 14,15

Advent:
Zeit, um Türen zu öffnen.
Jeden Tag eine mehr.
Weck in mir den Wunsch,
dir zu öffnen,
dich einziehen zu lassen,
jeden Tag ein bisschen mehr.

1. THESSALONICHER 5,16–18

Mittwoch

03

DEZEMBER

Mein Tag

Wollte Gott,
dass alle im Volk des HERRN
Propheten wären und der HERR
seinen Geist über sie kommen ließe!

4. MOSE 11,29

Ihr werdet die Kraft
des Heiligen Geistes empfangen,
der auf euch kommen wird.

APOSTELGESCHICHTE 1,8

#ERfüllt!

weil gott nicht will,
dass alles so bleibt
wie bisher;

weil gott außer sich gerät,
nicht einsam und allein
für sich bleiben will;

weil gott nicht zulässt,
dass die welt von allen
guten geistern verlassen ist;

weil gott in dir wirken will,
um diese welt zu verändern,
sendet er den heiligen geist.

F. REINTGEN/K. VELLGUTH

JESAJA 40,1–2

Mein Tag

Donnerstag

04

DEZEMBER

Kinder, die das Gesetz nicht kennen,
sollen es auch hören und lernen,
den HERRN, euren Gott,
zu fürchten alle Tage.

5. MOSE 31,13

Was würdest du genauso machen wie deine Eltern? Und was ganz anders?

Ihr Väter, behandelt eure Kinder
nicht ungerecht!
Sonst fordert ihr nur
ihren Zorn heraus.
Eure Erziehung soll sie vielmehr
in Wort und Tat zu Gott,
dem Herrn, hinführen.

EPHESER 6,4 HFA

Ich bete für die Kinder auf dieser Welt. Die ohne Eltern aufwachsen. Kein liebevolles Zuhause haben. Ihrer Kindheit beraubt werden. Nicht zur Schule gehen können. Keine Zeit zum Spielen haben. Sei du ihnen Vater und Mutter. Nimm sie auf in deiner Liebe. Tritt schützend für sie ein, damit sie bei dir Kind sein dürfen.

Amen.

JESAJA 40,3–5

Freitag

05

DEZEMBER

Mein Tag

Herr, zeige uns deine Gnade
und gib uns dein Heil!

PSALM 85,8

Das Heil kommt von den Juden.

JOHANNES 4,22

Und ist denn nicht
das ganze Christentum
aufs Judentum gebaut?
Es hat mich oft geärgert,
hat mich Tränen genug gekostet,
wenn Christen gar so sehr
vergessen konnten,
dass unser Herr
ja selbst ein Jude war.

GOTTHOLD EPHRAIM LESSING,
DICHTER IM 18. JAHRHUNDERT

O komm, du Sohn aus Davids Stamm,
du Friedensbringer, Osterlamm.
Von Schuld und Knechtschaft mach uns frei
und von des Bösen Tyrannei.

Freut euch, freut euch, der Herr ist nah,
Freut euch und singt Halleluja!

J.M.NEALE/O.SCHULZ

JESAJA 40,6–8

Mein Tag

Samstag 06 DEZEMBER

O Herr, hilf! O Herr,
lass wohlgelingen!
PSALM 118,25

Der heilige Geist sprach:
Bestimmt mir den Barnabas
und den Saulus für das Werk,
zu dem ich sie berufen habe.
Da fasteten und beteten sie,
legten ihnen die Hände auf
und ließen sie gehen.
APOSTELGESCHICHTE 13,2–3 ZB

Die göttlichen Dinge kommen unbemerkt ins Herz hinein. Gott macht es in deinem Herzen durch seinen Geist, und dort lebt es, und dann kommt es von selbst aus dir heraus wie der Atem.

JOHANN CHRISTOPH BLUMHARDT,
THEOLOGE IM 19. JAHRHUNDERT

Das will ich heute in Angriff nehmen:

____

Bitte gib deinen Segen dazu.

JESAJA 40,9–11

Sonntag

07

DEZEMBER

2. ADVENT

Der HERR richtet auf,
die niedergeschlagen sind.
PSALM 146,8

Wahrlich, wahrlich, ich sage euch:
Ihr werdet weinen und klagen,
aber die Welt wird sich freuen;
ihr werdet traurig sein,
doch eure Traurigkeit
soll zur Freude werden.
JOHANNES 16,20

Es gibt Zeiten
Da trägt mein Herz Schwarz
Keine Kraft zum Blühen
Keine Kraft zum Sein
Doch dann spüre ich plötzlich und zaghaft
Gottes heilendes Nicken
und mein Weinen ist wie Sommerregen
mitten im Winter
HANNA BUITING, MENSCHEN- UND WORTLIEBHABERIN

Mein Tag

In der kleinsten Pfütze spiegelt sich der Himmel.

JESAJA 40,12–17

Mein Tag

Montag

08

DEZEMBER

Du wirst mit deinem Gott zurückkehren.
Halte fest an Liebe und Recht und hoffe
stets auf deinen Gott!

HOSEA 12,7

Manchmal denkt man, Gott müsste
einem in all den Widerständen des Lebens
ein sichtbares Zeichen geben,
das einem hilft. Aber dies ist eben
sein Zeichen: dass er einen durchhalten
und es wagen und dulden lässt.

JOCHEN KLEPPER

Paulus schreibt:
Christus Jesus ist
in die Welt gekommen,
um Sünder zu retten –
unter ihnen bin ich der erste.
Doch eben darum habe ich
Erbarmen gefunden:
An mir als Erstem sollte
Christus Jesus die ganze Fülle
seiner Geduld zeigen,
beispielhaft für alle,
die künftig an ihn glauben
und so ewiges Leben finden.

1. TIMOTHEUS 1,15–16 ZB

Danke für deine nie endende Geduld!
Hilf, dass auch ich mit mir und anderen
geduldig umgehe.

JESAJA 40,27–31

Dienstag

09

DEZEMBER

Mein Tag

Ich will euch tragen,
bis ihr grau werdet.
Ich habe es getan;
ich will heben und tragen
und erretten.
JESAJA 46,4

Unterstütze die Witwen,
die alleinstehend sind.
1. TIMOTHEUS 5,3 ZB

Allein in der Weihnachtszeit?!
Gibt es Aktionen wie Advents- und
Weihnachtsfeiern, Besuchsdienste,
Singen im Seniorenheim ...
die du unterstützen kannst?
Oder selbst die Initiative ergreifen
und der Nachbarschaft einen
weihnachtlichen Gruß vorbeibringen?
Oder ...?

Du, der jeden hält und trägt
hast uns einander geschenkt
damit wir füreinander zu Engeln werden
und unser Miteinander trägt

JESAJA 41,8–13

Mein Tag

Mittwoch

10

DEZEMBER

Du bist groß, Herr HERR!
Denn es ist keiner wie du,
und ist kein Gott
außer dir nach allem,
was wir mit unsern Ohren
gehört haben.

2. SAMUEL 7,22

Ich bin das A und das O,
der Erste und der Letzte,
der Anfang und das Ende.

OFFENBARUNG 22,13

A (Alpha) und Ω (Omega) sind der erste und letzte Buchstabe des griechischen Alphabets. In der Bezeichnung kommt zum Ausdruck, dass Gott allumfassend ist und sowohl Anfang als auch Ziel dieser Welt in seinen Händen hält. Er spricht das erste und das letzte Wort über diese Welt – als sie geschaffen wurde und wenn sein Reich am Ende der Zeit endgültig anbricht.

Ewiger Gott,
dir gehört die Zeit.
Morgen und Abend
und die Stunden dazwischen,
Anfang und Ende
und das Leben darin.

Du umgibst unsere Zeit
mit deiner Ewigkeit.
Füll unsere Hände
mit Leben.

TINA WILLMS

JESAJA 42,1–4

Donnerstag

11

DEZEMBER

Mein Tag

Ich habe dich je und je geliebt,
darum habe ich dich
zu mir gezogen aus lauter Güte.

JEREMIA 31,3

Also hat Gott die Welt geliebt,
dass er seinen eingeborenen Sohn gab,
auf dass alle, die an ihn glauben,
nicht verloren werden,
sondern das ewige Leben haben.

JOHANNES 3,16

*Gott liebt
jeden Einzelnen
von uns so,
als gäbe es
außer uns niemanden,
dem er seine Liebe
schenken könnte.*

AUGUSTINUS,
KIRCHENLEHRER IM 4.–5. JAHRHUNDERT

Manchmal weiß ich noch nicht
oder nicht mehr
wie lieb du mich hast.
Zeig doch mal, Herr.

ELISA-BEATRICE RUSS

JESAJA 49,14–17

Mein Tag

Freitag 12 DEZEMBER

Ach dass du den Himmel zerrissest
und führest herab!
JESAJA 63,19

Der Engel sprach zu Maria:
Siehe, du wirst schwanger werden
und einen Sohn gebären,
dem sollst du den Namen Jesus geben.
Der wird groß sein
und Sohn des Höchsten
genannt werden.
LUKAS 1,31–32

heute ist der Tag gekleidet grau in grau
der Himmel wolkenverhangen
wie eine schwere Decke
tief über mir hängend

da braucht es Hilfe von oben
die zur Seite schiebt all das Schwere
dass eine Wolkenlücke noch so klein
den lang ersehnten Lichtstrahl durchdringen lässt

der plötzlich durchbricht den trostlosen Tag
und meine schwermütigen Gedanken
mich wieder hoffen und glauben lässt
dass diese Welt nicht verloren, weil du in das Grau geboren

JESAJA 50,4–7

Samstag
13
DEZEMBER

Siehe, es kommt die Zeit,
spricht der HERR,
dass die Stadt für den HERRN
wieder gebaut werden wird.
JEREMIA 31,38

Und ich sah die heilige Stadt:
das neue Jerusalem.
Sie kam von Gott
aus dem Himmel herab –
für die Hochzeit bereit
wie eine Braut,
die sich für ihren Mann
geschmückt hat.
Und ich hörte eine laute Stimme
vom Thron her rufen: Sieh her:
Gottes Wohnung ist
bei den Menschen!
OFFENBARUNG 21,2–3 BB

Es ist die Sehnsucht, die die Herzen treibt.
Sie treibt uns von hier, sie treibt uns zu dir,
zu der Heimat, die für immer bleibt,
denn die suchen wir.
LOTHAR KOSSE

JESAJA 52,7–10

Mein Tag

Sonntag

14

DEZEMBER

3. ADVENT

Wenn ich rufe zu dir, HERR,
mein Fels, so schweige mir nicht.

PSALM 28,1

Der Hauptmann bat Jesus:
**Sprich ein Wort,
und mein Diener wird gesund.**

LUKAS 7,7 BB

Was würdest du dir wünschen, dass Jesus zu dir sagt?

Dein Schweigen ist Gold,
doch Silber würde schon reichen.

BASTIAN BENOA

JESAJA 52,13–15

Montag
15
DEZEMBER

Mein Tag

Er ist um unsrer Missetat
willen verwundet
und um unsrer Sünde
willen zerschlagen.
JESAJA 53,5

Gott hat auch seinen eigenen Sohn
nicht verschont,
sondern hat ihn
für uns alle dahingegeben –
wie sollte er uns mit ihm
nicht alles schenken?
RÖMER 8,32

Das Leiden Gottes mit der Welt,
das Leiden Gottes an der Welt
und das Leiden Gottes für die Welt
sind höchste schöpferische Formen seiner
Liebe.
JÜRGEN MOLTMANN, THEOLOGE

Du verpackst dein größtes Geschenk
in Windeln und Stroh.
Wie kann ich das annehmen?
Wie dich empfangen?

JESAJA 53,1–3

Mein Tag

Dienstag 16 DEZEMBER

Sei nur stille zu Gott, meine Seele;
denn er ist meine Hoffnung.

PSALM 62,6

Wir warten aber auf das,
was unsere wunderbare Hoffnung ist:
auf das Erscheinen der Herrlichkeit
des großen Gottes
und unseres Retters Jesus Christus.

TITUS 2,13 ZB

5☆

Ich warte auf:

1. Ferien
2. Ein Wiedersehen nach langer Zeit
3. Ein deutliches Zeichen gegen rechts
4. Friedensnachrichten
5. Schnee

Meine Top five:

____

____

____

____

____

Worauf warten wir.
Jahr für Jahr.
Tag für Tag.
Heute. Jetzt.

Oder warten wir auf nichts.

Kennen wir den der kommen wird
oder den der wiederkommt
oder den der immer da war.

Oder wartet er auf uns?

ARNIM JUHRE

JESAJA 53,4–6

Mein Tag

Mittwoch

17

DEZEMBER

Weh denen,
die Böses gut und
Gutes böse nennen,
die aus Finsternis Licht
und aus Licht Finsternis machen!
JESAJA 5,20

Lass dich nicht
vom Bösen überwinden,
sondern überwinde
das Böse mit Gutem.
RÖMER 12,21

Trugschluss.
Falscher Informationsfluss.
Ideale, die sagen »Du musst«.
Spiegelbild verzerrt.
Plastikliebe, die das Herz begehrt.
Fake lässt Real verstecken.
Unüberwindbar? Mit Sicherheit nicht.
Lass mal widerständig bleiben beim Licht.
ELISA-BEATRICE RUSS

JESAJA 53,7–10

Mein Tag

Donnerstag

18

DEZEMBER

Bessert euer Leben und euer Tun,
so will ich euch wohnen lassen
an diesem Ort.

JEREMIA 7,3

Bemüht euch deshalb nach Kräften,
dass zu eurem Glauben
das richtige Verhalten kommt.
Zum richtigen Verhalten
soll die Erkenntnis kommen,
zur Erkenntnis
die Selbstbeherrschung,
zur Selbstbeherrschung
die Standhaftigkeit,
zur Standhaftigkeit die Ausübung
des Glaubens,
zur Ausübung des Glaubens
die geschwisterliche Liebe
und zur geschwisterlichen Liebe
die Liebe überhaupt.

2. PETRUS 1,5–7 BB

Welcher kleine Schritt ist heute dran, Gott?
Ich will ihn tun.

Oh Gott, es fällt mir so schwer.
Will ich wirklich ...?

Okay, ich versuche es.
Bitte motivier mich immer wieder.
Und hilf, dass ich es auch schaffe.

JESAJA 55,1–5

Freitag 19 DEZEMBER

Mein Tag

Es ist kein Fels, wie unser Gott ist.
1. SAMUEL 2,2

Werdet stark durch
eure Verbundenheit mit dem Herrn.
Lasst euch stärken
durch seine Kraft.
EPHESER 6,10 BB

Du, meine Kraftquelle, ich brauche dich.
Mein Alltag zieht so viel Energie.
Akku ist bald leer, alles aufgebraucht.
Suche den Anschluss.
Kabel ist zu kurz.
Was brauche ich, um mich wieder mit dir zu verbinden?
Wie kann ich bei dir auftanken?

JESAJA 55,6–11

Mein Tag

Samstag
20
DEZEMBER

Josef tröstete seine Brüder
und redete freundlich mit ihnen.
1. MOSE 50,21

Seid untereinander freundlich
und herzlich
und vergebt einer dem andern,
wie auch Gott euch vergeben hat
in Christus.
EPHESER 4,32

Wie die Sonne das Eis schmelzen lässt, so lässt Freundlichkeit Missverständnis, Misstrauen und Feindschaft sich verflüchtigen.

ALBERT SCHWEITZER,
ARZT, THEOLOGE UND MUSIKER

Herr, das ist der andere,
mit dem ich mich nicht verstehe.
Er gehört Dir,
Du hast ihn geschaffen,
Du hast, wenn nicht so gewollt,
ihn so gelassen, wie er eben ist.
Wenn Du ihn trägst, mein Gott,
will ich ihn auch tragen und ertragen,
wie Du mich trägst und erträgst.

Amen.

KARL RAHNER

JESAJA 55,12–13

Mein Tag

Sonntag

21

DEZEMBER

4. ADVENT

Alles habe ich
mit eigener Hand geschaffen,
durch mich ist es entstanden.
Aber ich schaue freundlich
auf die Armen und Niedergeschlagenen,
die voll Ehrfurcht auf mein Wort hören.

JESAJA 66,2 BB

Aber dann erschien die Freundlichkeit
und Menschenliebe Gottes,
unseres Retters.
Wir selbst hatten keine guten Taten
vorzuweisen,
mit denen wir vor ihm
hätten bestehen können.
Nein, aus reinem Erbarmen
hat er uns gerettet.

TITUS 3,4–5 GN

Das ist das Wunder der heiligen Weihnacht, dass ein hilfloses Kind unser aller Helfer wird.

FRIEDRICH VON BODELSCHWINGH

Ist diese Menschheit noch zu retten? So viele neue Kriege wieder angezettelt, den Regenwald weiter abgeholzt, Menschen im Meer ertrinken lassen. Ausgrenzen, zurückschlagen oder gleichgültig mit den Achseln zucken. Ich könnte gut verstehen, wenn du dich frustriert abwendest. Versuchst, unseren ganzen Schlamassel hier zu vergessen. Unfassbar für mich – in allem und trotz allem bleibst du uns freundlich zugewandt. Schmiedest unaufhörlich Rettungspläne. Wie wunderbar ist dein Erbarmen, das uns einfach nicht aufgibt!

PSALM 147,1–9

Mein Tag

Montag 22 DEZEMBER

Weh dem,
der sein Gut mehrt
mit fremdem Gut –
wie lange wird's währen?
HABAKUK 2,6

Jesus spricht:
Wer in den kleinsten Dingen
zuverlässig ist,
ist es auch in den großen.
Und wer in den kleinsten Dingen
unzuverlässig ist,
ist es auch in den großen.
LUKAS 16,10 BB

5☆

Das hilft, verantwortlich mit dem eigenen Geld umzugehen:

1. Überblick über Ein- und Ausgaben verschaffen
2. Jeden neuen Kauf ein paar Tage überdenken
3. Überlegen, wie ich mit Geld helfen kann
4. Vorbilder suchen
5. Über Möglichkeiten zum Anlegen und Sparen informieren

Meine Top five:

____
____
____
____
____

Egal ob Geld, Geheimnisse,
kleine oder große Aufgaben –
ich will ein Mensch sein,
dem man gerne etwas anvertraut.
Weil ich Wort halte. Ehrlich bin.
Mich um gute Entscheidungen bemühe.
Fair bleibe.
Hilf mir dabei!

PSALM 147,10–20

Dienstag

23

DEZEMBER

Mein Tag

Sei getrost, alles Volk im Lande,
spricht der HERR, und arbeitet!
Denn ich bin mit euch.

HAGGAI 2,4

Wer spärlich sät,
wird spärlich ernten.
Und wer reichlich sät,
wird reichlich ernten.

2. KORINTHER 9,6 BB

Vor 205 Jahren veröffentlichte einer ein Lied. Er schrieb es, nachdem er durch schwere Krankheit gegangen war und vier seiner Kinder an Typhus verloren hatte. In dieser Zeit nahmen er und seine Frau dreißig Kinder auf, denen der Krieg Eltern und Zuhause genommen hatte. Für sie richteten sie in ihrer Wohnung eine Schule ein. Weil ihr Vermieter die vielen Kinder nicht duldete, erwarb der Dichter des Liedes ein Gut und schuf dort einen Ort, an dem Menschen in Not unterkommen konnten. […] Die Geschichte handelt von Caroline Falk und ihrem Mann Johannes Daniel Falk. Er ging in die Geschichte als der Gründer der Rettungshausbewegung und der Jugendsozialarbeit ein. Und als Weimarer Waisenvater, der das Lied »O du fröhliche« dichtete. Einst für heimatlose Kriegswaisen geschrieben, wird es heute überall auf der Welt an Heiligabend gesungen.

STEPHANIE BRALL

JOHANNES 1,1–5

Mein Tag

Mittwoch

24

DEZEMBER

HEILIGER ABEND

Gerechtigkeit
und Recht sind deines Thrones Stütze,
Gnade und Treue treten
vor dein Angesicht.

PSALM 89,15

An Weihnachten
werden große, abstrakte Worte
wie Gnade und Gerechtigkeit
Wahrheit, Treue und Herrlichkeit
mit Leben gefüllt.
Auf einmal wird es möglich,
großen Worten
in Jesus zu begegnen.

Er, das Wort, wurde ein Mensch.
Er lebte bei uns,
und wir sahen seine Herrlichkeit.
Es war die Herrlichkeit,
die ihm der Vater gegeben hat –
ihm, seinem einzigen Sohn.
Er war ganz erfüllt
von Gottes Gnade und Wahrheit

JOHANNES 1,14 BB

Gloria, Gloria, wir stimmen ein in den Lobgesang.
Gloria, Gloria, der Engelschor singt mit uns zusammen.
Gloria, Gloria, und alle Welt wird den König ehren.
Gloria, Gloria, wir singen laut ihm, dem Sohn des Höchsten.

LUKAS UND LARI DOPFER

JOHANNES 1,6–13

Donnerstag

25

DEZEMBER

WEIHNACHTSFEST

Mein Tag

Bringe uns, HERR, zu dir zurück,
dass wir wieder heimkommen;
erneure unsre Tage wie vor alters!
KLAGELIEDER 5,21

Euch ist heute der Heiland geboren,
welcher ist Christus, der Herr,
in der Stadt Davids.
LUKAS 2,11

Heimkommen an Weihnachten –
wer oder was erwartet dich?

Plätzchenduft aus Kindheitstagen
Tannenbaumkugeln und Girlandenstrahlen –
warm wird das Herz und voll der Bauch.

Oder schiefe Töne zwischen den Zeilen
altbekannte Streitigkeiten
plötzlich angespannte Familienzeiten –
schwer wird das Herz und still die Freude.

Wie auch immer es zu Hause sein mag –
einer wartet auch in diesem Jahr
Offene Arme, du bist eingeladen
heimzukommen, zu verweilen
er kann alle Traurigkeit vertreiben –
ankommen darf das Herz.

JOHANNES 1,14–18

Mein Tag

Freitag 26 DEZEMBER

2. WEIHNACHTSTAG

Die Gebote des HERRN sind lauter
und erleuchten die Augen.

PSALM 19,9

Alle, die im Hohen Rat saßen,
blickten auf Stephanus
und sahen sein Angesicht
wie eines Engels Angesicht.

APOSTELGESCHICHTE 6,15

Menschen sind wie
Kirchenfenster. Wenn die Sonne scheint,
strahlen sie in allen Farben, aber wenn
die Nacht kommt,
kann nur ein Licht
im Innern sie voll
zur Geltung bringen.

ELISABETH KÜBLER-ROSS,
PSYCHIATERIN UND STERBEFORSCHERIN

Drum, Jesu, schöne Weihnachtssonne,
bestrahle mich mit deiner Gunst;
dein Licht sei meine Weihnachtswonne
und lehre mich die Weihnachtskunst,
wie ich im Lichte wandeln soll
und sei des Weihnachtsglanzes voll.

KASPAR FRIEDRICH NACHTENHÖFER

#stephanus
Blättere zurück zum 16.11.!

JOHANNES 1,19–28

Samstag

27

DEZEMBER

Ich gehe einher
in der Kraft Gottes des HERRN;
ich preise deine Gerechtigkeit allein.

PSALM 71,16

Christus ist Gottes Kraft
und Gottes Weisheit.
Das verkünden wir allen,
die berufen sind –
Juden wie Griechen.

1. KORINTHER 1,24 BB

Gott wird ein Mensch, damit die Menschen Gotteskinder werden können.

EDITH STEIN, PHILOSOPHIN
UND FRAUENRECHTLERIN JÜDISCHER HERKUNFT

Jesus ist kommen, Grund ewiger Freude;
A und O, Anfang und Ende steht da.
Gottheit und Menschheit vereinen sich beide;
Schöpfer, wie kommst du uns Menschen so nah!

JOHANN LUDWIG KONRAD ALLENDORF

JOHANNES 1,29–34

Mein Tag

Sonntag
28
DEZEMBER

Seht, wie gut es ist
und wie wohltuend,
wenn Menschen beisammen wohnen –
als wären sie Bruder und Schwester.
Dort schenkt der Herr seinen Segen:
Er verheißt Leben bis in alle Zukunft.

PSALM 133,1.3 BB

Ehre sei Gott in der Höhe
und Friede auf Erden bei den Menschen
seines Wohlgefallens.

LUKAS 2,14

Wann endlich erfüllt sich
Friede auf Erden
den uns die Engel
wünschen
verheißen
auftragen?
Wann endlich
singen wir
Friede auf Erden
alle zusammen?

JOHANNES 1,35–42

Montag

29

DEZEMBER

Mein Tag

Du, HERR,
sei nicht ferne; meine Stärke,
eile, mir zu helfen!
PSALM 22,20

Die Kraft des Herrn war mit Jesus,
dass er heilen konnte.
LUKAS 5,17

Ich komm zu dir mit allem,
was dieses Jahr zerplatzt und zerbrochen ist.
Den übrig gebliebenen Scherben und Fragezeichen.
Berühr du mich mit deiner Wunderkraft,
wirke neue Leichtigkeit in meinem Herzen.

JOHANNES 1,43–46

Mein Tag

Dienstag 30 DEZEMBER

Der HERR sprach zu Mose:
Du hast Gnade
vor meinen Augen gefunden,
und ich kenne dich mit Namen.

2. MOSE 33,17

Das Fundament Gottes wankt nicht,
und es trägt das Siegel
mit der Aufschrift:
Der Herr kennt die Seinen.

2. TIMOTHEUS 2,19 ZB

Wovon wären andere überrascht, wenn sie es von dir wüssten?

Guter Gott,
ich bin auf dem Weg zu mir selbst. Ich weiß auch nicht,
aber irgendwie habe ich das Gefühl, mich verloren zu haben.
Ich bin mir selbst abhanden gekommen. Wenn das überhaupt geht.
Aber es fühlt sich gerade so an. Es heißt, du kennst uns Menschen
alle, jeden Einzelnen. Das klingt sehr gut. Bitte hilf mir suchen.
Wenn du mich kennst, wie ich bin, wie ich wirklich bin,
dann sollte es mit dir zusammen gelingen, dass ich zu mir komme.
Danke, dass du mitgehst und suchen hilfst.

Amen.

JOHANNES 1,47–51

Mittwoch

31

DEZEMBER

ALTJAHRSABEND

Der HERR schafft
deinen Grenzen Frieden.

PSALM 147,14

Selig sind, die Frieden stiften;
denn sie werden
Gottes Kinder heißen.

MATTHÄUS 5,9

Womit willst du dieses Jahr Frieden schließen?

Guter Gott,

in unsere Tage und Stunden
gib Frieden,
der weiter reicht als unsere Zeit;

in unser Reden und Ringen
gib Frieden,
der höher ist als alle Vernunft;

in unsere Herzen und Hände
gib Frieden,
der ausstrahlt in die Welt.

TINA WILLMS

PSALM 121

Mein *Jahr*

Welche guten Nachrichten haben mich erreicht?

1. ______

2. ______

3. ______

Was hab ich neu für mich entdeckt?

1. ______

2. ______

3. ______

Wer hat mich überrascht? Und wie?

1. ______

______

2. ______

______

3. ______

______

Wofür bin
ich dankbar?

1. ______

2. ______

3. ______

Woran möchte ich
mich erinnern?

1. ______

2. ______

3. ______

Was wünsche
ich mir für 2026?

______

______

______

Meine Notizen

Quellenverzeichnis

VERWENDETE BIBELN

Ohne Angabe: Lutherbibel, revidiert 2017, © 2016 Deutsche Bibelgesellschaft, Stuttgart
BB: BasisBibel, die 4 Evangelien, © 2008 Deutsche Bibelgesellschaft, Stuttgart
GN: Gute Nachricht Bibel, durchgesehene Neuausgabe, © 2018 Deutsche Bibelgesellschaft, Stuttgart
Hfa: Hoffnung für alle®, © 1983, 1996, 2002 by International Bible Society®. Verwendet mit freundlicher Genehmigung des Verlags.
NGÜ: Bibeltext der Neuen Genfer Übersetzung – Neues Testament und Psalmen, Copyright © 2011 Genfer Bibelgesellschaft. Wiedergegeben mit freundlicher Genehmigung. Alle Rechte vorbehalten.
ZB: Zürcher Bibel, Fassung 2007, © 2007 Zürcher Bibel/Theologischer Verlag Zürich.

JANUAR

01.01. d) Jana Highholder, heute ewig, © 2019 Verlag Herder GmbH, Freiburg i. Br.
02.01. d) Anton Rotzetter, Du unser Leben © 2017 Verlag Herder GmbH, Freiburg i. Br.
04.01. c) © Thomas Plaßmann, www.thomasplassmann.de
05.01. d) Hilf mir zu glauben, Text und Melodie: Timo Böcking © 2019 www.herz-und-mund.de
06.01. d) © Ateliers et Presses de Taizé, 71250 Taizé, Frankreich
08.01. c) www.photocase.com
08.01. d) Aus: Madeleine Delbrêl, Deine Augen in unseren Augen. Ein Lesebuch. Hg. und übersetzt von Annette Schleinzer, Neuausgabe 2022, © Verlag Neue Stadt, S. 120
09.01. c) Martin Schleske, Der Klang © 2010, Kösel-Verlag, München, in der Penguin Random House Verlagsgruppe GmbH
11.01. d) Geh unter der Gnade. Text & Melodie: Manfred Siebald © 1987 SCM Hänssler, Holzgerlingen
13.01. c) www.photocase.com
15.01. c) © Thomas Plaßmann, www.thomasplassmann.de
17.01. d) In deinem Licht, Text: Martin Pepper © 1998 mc-peppersongs, Berlin
18.01. c) Marcus C. Leitschuh, Inspirationen zur Firmung. Wenn es auf dich ankommt
© 2023 Butzon & Bercker GmbH, Kevelaer, www.bube.de
20.01. c) www.photocase.com
21.01. c) www.istock.com
22.01. d) Neues Leben. Text: Lea Rauschmaier & Bastian Benoa. Melodie: Bastian Benoa © 2015 SoulDevotion Publishing bei SCM Hänssler, Holzgerlingen
23.01. c) www.stock.adobe.com
24.01. c) © Hans-Joachim Eckstein – www.ecksteinproduction.com
26.01. d) Antje Sabine Naegeli, Umarme mich, damit ich weitergehen kann, © 2010 Verlag Herder GmbH, Freiburg i. Br.
28.01. d) © Strube Verlag, München
29.01. c) www.photocase.com
30.01 d) © Clemens Bittlinger
31.01. c) »ohne anlauf«, aus: Stephan Wahl, ... träume ich von Flügeln. Jerusalemer Gedichte, © Echter Verlag, Würzburg, 3. Auflage 2024, S. 21

FEBRUAR

01.02. c) © Thomas Plaßmann, www.thomasplassmann.de
03.02. d) Getrost. Text & Melodie: Andreas Volz © 2016 SCM Hänssler, Holzgerlingen
06.02. c) www.photocase.com
07.02. c) www.photocase.com
07.02. d) Segenswunsche: Quelle, aus: Tina Willms, Wo das Leben entspringt. Inspirationen zur Jahreslosung und den Monatssprüchen 2018. 2017 Neukirchner Verlag, Neukirchen-Vluyn, S. 16 © Tina Willms
09.02. c) Aus: »Oh! Noch mehr Geschichten für andere Zeiten«, 2010, Hamburg, Andere Zeiten e.V., www.anderezeiten.de
09.02. d) Starke Wurzeln gute Früchte. Text: Jörg Swoboda & Theo Lehmann. Melodie: Jörg Swoboda © 1987 SCM Hänssler, Holzgerlingen
11.02. c) www.photocase.com
12.02. c) © Hans-Joachim Eckstein – www.ecksteinproduction.com
13.02. d) © Ateliers et Presses de Taizé, 71250 Taizé, Frankreich
14.02. c) Auszug aus: Der ganz andere Gott, aus: Erdennah – Himmelweit. Ein Jahresbegleiter zu den Wochensprüchen. Andachten, Gedichte und Gebete, Tina Willms. 2014 Neukirchner Verlagsgesellschaft, 3. Auflage 2016, S. 52 © Tina Willms
15.02. d) Bernhard Sill (Hrsg.), Beten. Wort sucht Gott, ISBN 978-3-460-32266-0 © Verlag Katholisches Bibelwerk GmbH, Stuttgart 2018
16.02. c) www.photocase.com

16.02. d) Neuvertextung zu »Gott ist gegenwärtig«, © 2021 Jelena Herder. www.jelenaherder.de, www.kunstzumleben.org
17.02. d) Stadt Land Welt. Text: Markus Wäsch. Melodie: Oliver Stehmann. © 2011 SCM Hänssler, Holzgerlingen
20.02. c) www.photocase.com
20.02. d) Katrin Brockmöller/Aurica Jax (Hrsg.), Frauen* beten, ISBN 978-3-96157-191-8 © Verlag Katholisches Bibelwerk GmbH, Stuttgart 2023
21.02. d) Gut dass wir einander haben. Text & Melodie: Manfred Siebald. © 1990 SCM Hänssler, Holzgerlingen
22.02. c) Leen van Burg, Marianne Bertschi am 12. März, aus: Minimeditationen und Miniaturen für das ganze Jahr, M. Bertschi, X. Bischoff, H. Schubert, N. Seeger © 2016 Friedrich Reinhardt Verlag, Basel, S. 88
23.02. d) Komm und still den Sturm, Text: Samuel Harfst © 2022 RaketenRecords
24.02. d) Wir sind gesegnet. Originaltitel: Heaven To Earth. Text & Melodie: Andy Flannagan. Dt. Text: Mischa Marin © bei den Urhebern
25.02. c) www.photocase.com
25.02. d) Psalm (als Notausgang zu singen), aus: Susanne Niemeyer, Schau hin. Vom Hellersehen und Entdecken. 2021 Herder Verlag, Freiburg, S. 111 © Susanne Niemeyer
26.02. c) © Thomas Plaßmann, www.thomasplassmann.de
27.02. c) Thomas Sjödin: Beginne jeden Tag wie ein neues Leben, © 2020/2021 SCM R.Brockhaus in der SCM Verlagsgruppe GmbH, D-71088 Holzgerlingen (www.scm-brockhaus.de)

MÄRZ

02.03. c) www.photocase.com
03.03. d) Susanne Niemeyer/Matthias Lemme. Brot und Liebe. Wie man Gott nach Hause holt, Susanne Niemeyer/Matthias Lemme © 2022 by edition chrismon in der Evangelischen Verlagsanstalt GmbH, Leipzig, S. 94
05.03. d) Die Liebe des Retters. Text und Musik: Mia Friesen, Stefan Schöpfle © 2010 Outbreakband Musik adm. by Gerth Medien, Wetzlar
06.03. c) www.stock.adobe.com
06.03. d) Heaven is a wonderful place. Text und Musik: O.A. Lambert © 1958 Curb Word Music LLC. Für D, A, CH: Small Stone Media Germany GmbH
08.03. c) Dorothee Sölle. Rebellin und Mystikerin, S. 193, Kreuz Verlag 2008. Mit freundlicher Genehmigung der Verlag Herder GmbH, Freiburg i. Breisgau
08.03. d) Lieber Gott!, in: Juliane Seifert (Hg.), Bist du da, Gott? Gebete von und für Teens. © 2017 Neukirchener Verlagsgesellschaft mbH, Neukirchen-Vluyn, S. 18.
09.03. c) Hoffnung ist ein Herzensfest, aus dem Poesiebuch: Von Scherben und Schönheit, Jelena Herder, S. 68f. © 2020 Jelena Herder www.jelenaherder.de, www.kunstzumleben.org
11.03. c) www.photocase.com
14.03. d) 2 x Wir sind gekommen – Text und Musik: Gudio Baltes, Pamela Natterer, Lars Peter © 2012 Gerth Medien, Wetzlar
15.03. c) www.photocase.com
15.03. d) Jana Highholder, heute ewig, © 2019 Verlag Herder GmbH, Freiburg i. Br.
16.03. c) www.stock.adobe.com
17.03. c) © beim Autor
18.03. d) Dein Wunder, aus dem Album: Momentaufnahmen, Jelena Herder © 2014 Jelena Herder, www.jelenaherder.de
20.03. c) www.photocase.com
20.03. d) geografie des gebets, aus: Minimeditationen und Miniaturen für das ganze Jahr, M. Bertschi, X. Bischoff, H. Schubert, N. Seeger © 2016 Friedrich Reinhardt Verlag, Basel, S. 149
21.03. c) www.photocase.com
22.03. c) www.photocase.com
22.03. d) Anton Rotzetter, Du unser Leben © 2017 Verlag Herder GmbH, Freiburg i. Br.
24.03. d) Zeichne dein Bild. Text & Melodie: Arne Kopfermann © 2017 SCM Hänssler, Holzgerlingen
25.03. d) Kann man dich sehn, Text und Melodie: Mitch Schlüter © beim Urheber
26.03. c) Erquicken, aus: Lichtblick. Texte für mittelgute Tage, Susanne Niemeyer, ©2021 by edition chrismon, Evangelische Verlagsanstalt, Leipzig, S. 102.
28.03. c) www.stock.adobe.com
29.03. c) © Thomas Plaßmann, www.thomasplassmann.de

APRIL

01.04. d) Brot und Liebe. Wie man Gott nach Hause holt, Susanne Niemeyer/Matthias Lemme © 2022 by edition chrismon in der Evangelischen Verlagsanstalt GmbH, Leipzig, S. 120
02.04. c) Auszug aus: Das Wasser steht mir bis zum Hals. Aus: Sorge dich nicht, vertraue! S. 68 © Hans-Joachim Eckstein, www.ecksteinproduction.com
03.04. c) www.istock.com
04.04. c) frei
04.04. d) Aus: S. Flatrate. 24 Stunden genial verbunden. Mickey Wiese (Hg.) © 3. Auflage 2014, Neukirchener Verlagsgesellschaft mbH, Neukirchen-Vluyn, S. 104
06.04. c) © Thomas Plaßmann, www.thomasplassmann.de
06.04. d) Frank Reintgen, Klaus Vellguth, Menschen-Leben-Träume, © 2010 Verlag Herder GmbH, Freiburg i. Br.
07.04. c) Segne uns mit Unbehagen, Munib Younan, © AphorismaA – Verlag und Agentur, Übersetzung: Rainer Zimmer-Winkel
09.04. c) www.photocase.com
10.04. d) Meine Zeit steht in deinen Händen. Text & Melodie: Peter Strauch © 1981 SCM Hänssler, Holzgerlingen

11.04. c) »die letzte offenbarung«, aus: Andreas Knapp, ganz knapp. Gedichte an der Schwelle zu Gott, © Echter Verlag Würzburg, 4. Auflage 2024 , S. 106
12.04. d) Katrin Brockmöller/Aurica Jax (Hrsg.), Frauen* beten, ISBN 978-3-96157-191-8 © Verlag Katholisches Bibelwerk GmbH, Stuttgart 2023
13.04. c) www.photocase.com
13.04. d) Bruno Griemens, online to he@ven. Gebete für Jugendliche. © 2000 Butzon & Bercker GmbH, Kevelaer, 4. Aufl. 2004, www.bube.de
15.04. c) Gotteserkenntnis, aus: Sorge dich nicht, vertraue! Gedanken, die tragen. Hans-Joachim Eckstein © 2021: Hans-Joachim Eckstein – www.ecksteinproduction.com , S. 60
16.04. c) Thomas Sjödin: Beginne jeden Tag wie ein neues Leben, © 2020/2021 SCM R.Brockhaus in der SCM Verlagsgruppe GmbH, D-71088 Holzgerlingen (www.scm-brockhaus.de)
17.04. d) © Strube Verlag, München
18.04. c) © Thomas Plaßmann, www.thomasplassmann.de
18.04. d) Dort am Kreuz. Text & Melodie: Eddy Scheck & Sam Samba & Markus Kohl © 2017 SCM Hänssler, Holzgerlingen
19.04. c) https://hannabuiting.de/zeitenwende/
19.04. d) Denk an mich (Kyrie), aus dem Album »Kreuzweise«, von Julia Buch, Daniela Hogger und Jonathan Schmidt © 2023 Central Arts; Andreas Boppart & Central Arts: Kreuzweise – Sechs Begegnungen mit Christus rund ums Kreuz, Eine Kollaboration in Text, Bild & Musik. SCM R. Brockhaus 2023, ISBN 978-3-417-01001-5
21.04. c) © 1939 und 2010 Karl Rauch Verlag, Düsseldorf
22.04. c) www.photocase.com
22.04. d) kreuz, aus: wandeln, Mein Fasten-Wegweiser 2016 © 2015 Andere Zeiten e.V., Hamburg, S. 79, Quellenverzeichnis: Susanne Niemeyer
23.04. d) Höher. Originaltitel: Higher. Text & Melodie: Dominik Laim. Dt. Text: Zippora Schneider-Ulrich & Jennifer Pepper & Sarah Keim & Steffen Bodemer © 2015 ICF Media GmbH/Integrity's Praise! Music. Für D, A, CH: SCM Hänssler, Holzgerlingen
24.04. c) 7 Wochen ohne 2023. Leuchten! Sieben Wochen ohne Verzagtheit © 2022 by edition chrismon in der Evangelischen Verlagsanstalt GmbH, Leipzig
25.04. c) Thomas Sjödin: Beginne jeden Tag wie ein neues Leben, © 2020/2021 SCM R.Brockhaus in der SCM Verlagsgruppe GmbH, D-71088 Holzgerlingen (www.scm-brockhaus.de)
26.04. c) www.photocase.com
28.04. c) www.photocase.com
29.04. d) Frank Reintgen, Klaus Vellguth, Menschen-Leben-Träume, © 2010 Verlag Herder GmbH, Freiburg i. Br.

MAI

01.05. d) Liebe in Person, aus dem Album »Kreuzweise«, Von Julia Buch, Daniela Hogger und Jonathan Schmidt © 2023 Central Arts; Andreas Boppart & Central Arts: Kreuzweise – Sechs Begegnungen mit Christus rund ums Kreuz, Eine Kollaboration in Text, Bild & Musik. SCM R. Brockhaus 2023, ISBN 978-3-417-01001-5
02.05. c) www.istock.com
02.05. d) Steve Kennedy Henkel, Tee-Moment, in: ders., Rituale für Hipster & Heilige und alles dazwischen. Gin-Tonic-Liturgie, Barista-Gebete & Bike-Segen. © 2022 Neukirchener Verlagsgesellschaft mbH, 2. Auflage 2023, Neukirchen-Vluyn, S. 98.
04.05. c) Text: Edzard Hüneke. Musik: Daniel »Dän« Dickopf. Interpret: Wise Guys. © by meinsongbook Verlag GbR
05.05. c) Auszug aus: Scherbenhaufen-Schönheit, aus dem Poesiebuch: Von Scherben und Schönheit, Jelena Herder © 2020 Jelena Herder, www.jelenaherder.de, www.kunstzumleben.org
08.05. c) Aus: YOUBE. Evangelischer Jugendkatechismus. Dominik Klenk, Roland Werner, Bernd Wannenwetsch © 2015 Fontis-Verlag Basel, S. 125
09.05. c) www.photocase.com
10.05. c) Anton Rotzetter, Du unser Leben © 2017 Verlag Herder GmbH, Freiburg i. Br.
12.05. d) © Ateliers et Presses de Taizé, 71250 Taizé, Frankreich
13.05. d) Freude. Text & Melodie: Albert Frey © 1995 SCM Hänssler, Holzgerlingen für Immanuel Music, Ravensburg
15.05. c) www.photocase.com
16.05. c) www.istock.com
17.05. d) Katrin Brockmöller/Aurica Jax (Hrsg.), Frauen* beten, ISBN 978-3-96157-191-8 © Verlag Katholisches Bibelwerk GmbH, Stuttgart 2023
18.05. c) Luigi Malerba, Ein schielendes Huhn. Aus: Die nachdenklichen Hühner. 131 kurze Geschichten. A. d. Ital. Elke Wehr und Iris Nebel-Kaschnitz © 1984, 1995, 2009 Verlag Klaus Wagenbach, Berlin
21.05. c) Lindolfo Weingärtner, Einer soll heute dein Nächster sein. © Erlanger Verlag für Mission und Ökumene
22.05. c) www.photocase.com
23.05. d) Wir sind willkommen. Text & Melodie: Arne Kopfermann & Samuel Jersak © 2017 SCM Hänssler, Holzgerlingen
24.05. c) www.photocase.com
25.05. c) Aus: Die Kluft zwischen Arm und Reich überwinden. Soziale Ungleichheit als entwicklungspolitische Herausforderung, September 2019 https://www.brot-fuer-die-welt.de/fileadmin/mediapool/2_Downloads/Fachinformationen/Sonstiges/Policy_Soziale_Ungleichheit_de.pdf (Zugriff am 28.8.2023)

25.05. d) Wo Freiheit ist und Lachen. Gebete und Texte aus der Ökumene 4, hg. vom EMW, Missionshilfe Verlag, 1999, S. 40 (Auszug)
27.05. c) www.stock.adobe.com
28.05. d) Brot und Liebe. Wie man Gott nach Hause holt, Susanne Niemeyer/Matthias Lemme © 2022 by edition chistmon in der Evangelischen Verlagsanstalt GmbH, Leipzig, S. 136

JUNI

01.06. c) www.photocase.com
02.06. d) Du tust. Text & Melodie:
Tobi Wörner © 2008 SCM Hänssler, Holzgerlingen
03.06. d) Aus: Hanna Hümmer, Lass leuchten mir dein Angesicht. – Gebete. © Christusbruderschaft Selbitz, Buch- & Kunstverlag, 1971, 5. Auflage 2020, S. 143 www.verlag-christusbruderschaft.de
04.06. c) www.photocase.com
05.06. c) Private Sammlung Zitate und Aphorismen von Dr. Siegbert Riecker
08.06. c) © Thomas Plaßmann, www.thomasplassmann.de
08.06. d) Frank Reintgen, Klaus Vellguth, Menschen-Leben-Träume, © 2010 Verlag Herder GmbH, Freiburg i. Br.
10.06. c) UmkehrWerkstatt, aus: Susanne Niemeyer, Schau hin. Vom Hellersehen und Entdecken. 2021 Herder Verlag, Freiburg, S. 61 © Susanne Niemeyer
11.06. d) Steve Kennedy Henkel, Feierabend, in: ders., Rituale für Hipster & Heilige und alles dazwischen. Gin-Tonic-Liturgie, Barista-Gebete & Bike-Segen. © 2022 Neukirchener Verlagsgesellschaft mbH, 2. Auflage 2023, Neukirchen-Vluyn, S. 56.
12.06. c) www.photocase.com
13.06. d) Aus: Flatrate. 24 Stunden genial verbunden, Mickey Wiese (Hg.) © 3. Auflage 2014, Neukirchener Verlagsgesellschaft mbH, Neukirchen-Vluyn, S. 85
14.06. c) www.stock.adobe.com
17.06. d) Belebe und bewege, Text: Peter Strauch. Musik: Hans Werner Scharnowski © 2012 Hit'n Run Publishing, Siegen
18.06. c) Aus: YOUBE. Evangelischer Jugendkatechismus. Dominik Klenk, Roland Werner, Bernd Wannenwetsch © 2015 Fontis-Verlag Basel, S. 92
19.06. c) www.istock.com
19.06. d) Text und Musik: Gudio Baltes, Pamela Natterer, Lars Peter © 2012 Gerth Medien, Wetzlar
20.06. d) Ein ungewaschenes Gebet, aus: Weil immer was geht Impulsbuch. Impulse für scheinbar aussichtlose Momente, Andi Weiss und Martina Weiss (Das Impulsbuch zur CD) © 2022. www.andi-weiss.de
21.06. d) Lichtermeer. Text: Bastian Benoa, Rebecca Krämer. Musik: Bastian Benoa © 2020 Benoa Publ. admin by Gerth Medien, Wetzlar
22.06. c) www.photocase.com
23.06. c) © Thomas Plaßmann, www.thomasplassmann.de
24.06. c) Bernhard Sill (Hrsg.), Beten. Wort sucht Gott, ISBN 978-3-460-32266-0 © Verlag Katholisches Bibelwerk GmbH, Stuttgart 2018
26.06. c) © Hans-Joachim Eckstein – www.ecksteinproduction.com
27.06. c) An der Grenze, aus: Tina Willms, Momente, die dem Himmel gehören, Gedanken, Gedichte und Gebete für jeden Tag, 2. Auflage 2022. 2021 Neukirchner Verlagsgesellschaft, Neukirchen-Vluyn, S. 113 © Tina Willms
29.06. d) Aus: Bernhard Meuser, Am Ende des Tages. 365 Gebete und Impulse © 2017 Fontis-Verlag Basel, 22. März

JULI

01.07. c) © Andreas Gerhardt, Cartoon zu Offenbarung 3,8
01.07. d) Antje Sabine Naegeli, Umarme mich, damit ich weitergehen kann, © 2010 Verlag Herder GmbH, Freiburg i. Br.
03.07. c) © Thomas Plaßmann, www.thomasplassmann.de
03.07. d) Sprüche 16,9, Text: Joana und Jelena Herder, Album: Momentaufnahmen © 2014 Jelena Herder. www.jelenaherder.de, www.kunstzumleben.org
04.07. d) Anton Rotzetter, Du unser Leben © 2017 Verlag Herder GmbH, Freiburg i. Br.
05.07. d) Brot und Liebe. Wie man Gott nach Hause holt, Susanne Niemeyer/Matthias Lemme © 2022 by edition chistmon in der Evanglischen Verlagsanstalt GmbH, Leipzig, S. 20
06.07. c) www.photocase.com
07.07. c) Aus: 3. Ökumenischer Bericht zur Religionsfreiheit weltweit 2023. Eine christliche Perspektive auf ein universelles Menschenrecht. Hrsg. Vom Sekretariat der Deutschen Bischofskonferenz, www.dbk.de, und vom Kirchenamt der Evangelischen Kirche in Deutschland, www.ekd.de, Juli 2023, S. 9
08.07. d) Open The Eyes Of My Heart. Text & Melodie: Paul Baloche © 1997 Integrity's Hosanna! Music. Für D, A, CH: SCM Hänssler, Holzgerlingen
11.07. c) Susanne Niemeyer, Siehst du mich?, © 2021 Verlag Herder GmbH, Freiburg i. Br.
12.07. c) www.photocase.com
14.07. c) www.photocase.com
15.07. c) www.photocase.com
17.07. d) Teresa Zukic, Die Seele braucht mehr als Pflaster, © 2021 Verlag Herder GmbH, Freiburg i. Br.
18.07. c) www.istock.com
19.07. c) Aus: Der andere Advent, Hg. Von Andere Zeiten e.V., Luise Rinser, Vorsorge. Abgedruckt in Losungen für Junge Leute 2021 am 11.8.
21.07. d) Jörg Zink, Wie wir beten können, © 2018 Verlag Herder GmbH, Freiburg i. Br.

22.07. d) Aus dem Lied »Dreimal« von Albert Frey © 1999 D & D Medien, D-88287 Grünkraut, www.ddmedien.com
23.07. c) © Thomas Plaßmann, www.thomasplassmann.de
25.07. c) www.photocase.com
27.07. c) www.stock.adobe.com
27.07. d) Guido Erbrich, Vom Geist inspiriert. Zur Firmung © 2022 Butzon & Bercker GmbH, Kevelaer, www.bube.de
28.07. c) Katrin Brockmöller/Aurica Jax (Hrsg.), Frauen* beten, ISBN 978-3-96157-191-8 © Verlag Katholisches Bibelwerk GmbH, Stuttgart 2023
29.07. c) www.photocase.com
30.07. c) Martin Schleske, Der Klang © 2010, Kösel-Verlag, München, in der Penguin Random House Verlagsgruppe GmbH
30.07 d) © Evangelische Brüder-Unität

AUGUST

01.08. c) Unversehrtheit, Susanne Niemeyer. Lichtblick. Texte für mittelgute Tage. © 2021 edition chrismon in der Evangelischen Verlagsanstalt GmbH, S. 101
02.08. c) www.photocase.com
03.08. c) www.photocase.com
04.08. c) www.photocase.com
06.08. d) Mit allem, was ich bin. Text und Musik: Ben Lütke © 2010 Glaubenszentrum Musik adm. by Gerth Medien, Wetzlar
09.08. c) Aus: wandeln, Mein Fasten-Wegweiser 2016 © 2015 Andere Zeiten e.V., Hamburg, S. 18–19, Quellenverzeichnis: © bei den Autoren
10.08. c) www.photocase.com
10.08. d) Hanna Buiting, Segen, in: dies., Wundervoll. 12 besondere Postkarten. Mit Texten von Hanna Buiting © 2017 Neukirchener Verlagsgesellschaft mbH, Neukirchen-Vluyn.
11.08. c) www.stock.adobe.com
12.08. d) Anton Rotzetter, Du unser Leben © 2017 Verlag Herder GmbH, Freiburg i. Br.
14.08. c) Wie ein Fest nach langer Trauer. Text: Jürgen Werth. Melodie: Johannes Nitsch © 1988 SCM Hänssler, Holzgerlingen
15.08. c) www.photocase.com
18.08. d) Geh hinaus. Text: Helge Halmen & Chris Halmen. Melodie: Chris Halmen © 2017 SCM Hänssler, Holzgerlingen
19.08. c) www.photocase.com
19.08. d) Ewigkeit Text und Musik: Mia Friesen, Nikolai Nilkens © 2020 Outbreakband Musik adm. by. Gerth Medien, Wetzlar
20.08. c) www.photocase.com
21.08. c) www.photocase.com
22.08. d) Aus: Liturgische Bausteine, Fastenaktion 2014, Mut ist, zu geben, wenn alle nehmen © 1. Auflage 2014 Herausgeber Bischöfliches Hilfswerk Misereor e.V., Aachen, S. 47.
23.08. d) Brot und Liebe. Wie man Gott nach Hause holt, Susanne Niemeyer/Matthias Lemme © 2022 by edition chistmon in der Evanglischen Verlagsanstalt GmbH, Leipzig, S. 71
24.08. d) Herr mein Gott, ich freue mich (Auszug), aus: YOUCAT Jugendgebetbuch, Georg von Lengerke und Dörte Schrömges (Hrsg.) © 2014 YOUCAT Foundation gGmbH, Königstein im Taunus, S. 26
25.08. c) www.photocase.com
26.08. d) Neuer Tag neues Glück. Text & Melodie: Samuel Jersak & Samuel Harfst & Claus-Peter Eberwein. © 2017 SCM Hänssler, Holzgerlingen
27.08. c) © Evangelische Brüder-Unität
28.08. c) www.photocase.com
31.08. c) © Hans-Joachim Eckstein – www.ecksteinproduction.com
31.08. d) Frei-Mut © C. Moosbach 2000, entnommen aus: https://feministische-theologinnen.ch/2012/03/uberlebensgebete/#more-1149, Zugriff am 26.10.2023. © Carola Moosbach, www.carola-moosbach.de

SEPTEMBER

01.09. c) www.stock.adobe.com
02.09. d) Komm in mein Haus. Text und Musik: Sefora Nelson. Klaviersatz: Samuel Jersak © 2015 Royalheart adm. by Gerth Medien, Wetzlar
03.09. c) Seelenfutter, https://hannabuiting.de/seelenfutter/, Beitrag vom Oktober 2018, Zugriff am 28.10.2023.
05.09. d) Alle Autorenrechte liegen bei der Katholischen Akademie in Bayern. Romano Guardini, Theologische Gebete. 12. Auflage 2021, S. 20. Verlagsgemeinschaft Matthias Grünewald, Osfildern/BRILL-Ferdinand Schöningh, Paderborn
08.09. c) Anton Rotzetter, Du unser Leben. © 2017 Verlag Herder GmbH, Freiburg i. Br.
09.09. c) www.photocase.com
11.09. c) www.stock.adobe.com
12.09. c) 7 Wochen ohne 2023. Leuchten! Sieben Wochen ohne Verzagtheit © 2022 by edition chrismon in der Evangelischen Verlagsanstalt GmbH, Leipzig
13.09. d) tyrolia
16.09. d) Halleluja. Text und Musik: Albert Frey. © 2008 FREYKLANG adm. by Gerth Medien, Wetzlar
17.09. c) www.photocase.com
18.09. d) Herr du bist das Brot des Lebens. Text & Melodie: Gerhard Schnitter. © 1983 SCM Hänssler, Holzgerlingen
19.09. d) Susanne Niemeyer/Matthias Lemme. Brot und Liebe. Wie man Gott nach Hause holt, Susanne Niemeyer/Matthias Lemme © 2022 by edition chistmon in der Evanglischen Verlagsanstalt GmbH, Leipzig, S. 190
20.09. c) www.photocase.com

22.09. d) Elisa-Beatrice Ruß, Marburg
24.09. c) © Thomas Plaßmann, www.thomasplassmann.de
24.09. d) Aus: Bernhard Meuser, Am Ende des Tages, 365 Gebete und Impulse © 2017 Fontis-Verlag Basel, 29. August
26.09. d) Frank und Jubilee Bonkowski, Hey Gott. in: dies., Okay, Gott. Ehrliche Gebete für Teens. © 2016 Neukirchener Verlagsgesellschaft mbH, Neukirchen-Vluyn, S. 60–61.
28.09. c) Aus: Bausteine für einen Gottesdienst oder eine Andacht zum Weltflüchtlingstag 2023, S. 1, Misereor, https://www.misereor.de/fileadmin/publikationen/liturgische-bausteine-weltfluechtlingstag.pdf, Zugriff am 8.11.2023
29.09. d) Antje Sabine Naegeli, Umarme mich, damit ich weitergehen kann, © 2010 Verlag Herder GmbH, Freiburg i. Br.
30.09. c) www.photocase.com

OKTOBER

01.10. d) Christa Spilling-Nöker: Gott sei mit dir ... ; aus: dies.; Der Himmel ist in dir. Geschenkheft © 2016 Verlag am Eschbach in der Verlagsgruppe Patmos der Schwabenverlag AG, www.verlag-am-eschbach.de. 978-3-86917-450-1
02.10. c) www.stock.adobe.com
03.10. d) Bruno Griemens, online to he@ven. Gebete für Jugendliche. © 2000 Butzon & Bercker GmbH, Kevelaer, 4. Aufl. 2004, www.bube.de
04.10. d) Bleibend ist deine Treu. Originaltitel: Great Is Thy Faithfulness. Text: Thomas Chisholm. Musik: William Runyan. Dt. Text: Wolfgang Zorn. © 1951 Hope Publishing. Für D, A, CH:: Small Stone Media Germany GmbH
07.10. c) www.photocase.com
08.10. d) Originaltext »Gott ist gegenwärtig«: Gerhard Tersteegen, 1729. Auf die Melodie »Wunderbarer König«: Joachim Neander, 1680
09.10. c) www.stock.adobe.com
10.10. c) www.stock.adobe.com
11.10. d) Elisa-Beatrice Ruß, Marburg
12.10. d) Zeitenverbinder, Text und Melodie: Martin und Jennifer Pepper © 2012 mc-peppersongs, Berlin
13.10. d) © Ateliers et Presses de Taizé, 71250 Taizé, Frankreich
16.10. c) www.photocase.com
16.10. d) Katrin Brockmöller/Aurica Jax (Hrsg.), Frauen* beten, ISBN 978-3-96157-191-8 © Verlag Katholisches Bibelwerk GmbH, Stuttgart 2023
19.10. c) Aus: Dominika Rank, Wo bist du, Gott? Gedanken einer Ukrainerin über Angst, Trauer und Glaube, © Echter Verlag, Würzburg 2023, S. 9
20.10. c) www.stock.adobe.com
20.10. d) Soli Deo Gloria, Text und Melodie: Rebecca Watta, aus dem Album: Sonntag © 2023 Rebecca Watta, www.rebeccawatta.de
21.10. d) Neues Leben. Text: Lea Rauschmaier & Bastian Benoa. Melodie: Bastian Benoa. © 2015 SoulDevotion Publishing bei SCM Hänssler, Holzgerlingen
22.10. c) www.photocase.com
22.10. d) Aus: Marcus C. Leitschuh/Peter Jansen, JA! Das Jugendgebetbuch. © 2015 Butzon & Bercker GmbH, Kevelaer, www.bube.de
23.10. c) www.photocase.com
24.10. d) Aus: Flatrate 24 Stunden genial verbunden – Gebete, Mickey Wiese (Hg.) © 3. Auflage 2014, Neukirchener Verlagsgesellschaft, S. 37
25.10. c) www.photocase.com
26.10. d) Rechte beim Autor
27.10. c) Aus: Christina Brudereck: »Es reicht«, in: Zwischenzeilen, © 2010/2019 SCM Verlag in der SCM Verlagsgruppe GmbH, D-71088 Holzgerlingen (www.scm-verlag.de)
29.10. c) www.photocase.com
30.10. c) Aus: Hoppla! Neue Geschichten für andere Zeiten, 2021. Hamburg: Andere Zeiten e.V., www.anderezeiten.de
30.10 d) Nachtruf, aus: Am Wegrand: Ein Wunder. Mit offenen Sinnen durch das Jahr, Tina Willms. 2016 Neukirchener Verlagsgesellschaft mbH, Neukirchen-Vluyn, S. 110 © Tina Willms
31.10. c) © Andreas Prüstel

NOVEMBER

01.11. d) Jedes Wort von dir, Text und Melodie: Lothar Kosse © Lothar Kosse
04.11. d) Zwischen Himmel und Erde. Text und Musik: Albert Frey © 2002 FREYKLANG adm. by Gerth Medien, Wetzlar
07.11. c) www.photocase.com
07.11. d) Sing das schönste deiner Lieder, Text und Melodie: Rebecca Watta, aus dem Album: Am Morgen © 2019 Rebecca Watta, www.rebeccawatta.de
09.11. d) Wir können dich sehn. Text & Melodie: Anita Schneider & Evelyn Pfaffenrot & Daniela May & Matthias Jäger & Annika Baer © 2019 SCM Hänssler, Holzgerlingen
10.11. d) Antje Sabine Naegeli, Umarme mich, damit ich weitergehen kann, © 2010 Verlag Herder GmbH, Freiburg i. Br.
12.11. d) Text: Eugen Eckert. © Lahn-Verlag in der Butzon & Bercker GmbH, Kevelaer, www.bube.de
13.11. c) www.photocase.com
14.11. d) Stoßgebet, aus: Stephan Wahl, Ungehobelte Gebete, © Echter Verlag Würzburg 2016, S. 78

15.11. d) Himmel in mir, aus dem Album »Kreuzweise«, Von Julia Buch, Daniela Hogger und Jonathan Schmidt © 2023 Central Arts; Andreas Boppart & Central Arts: Kreuzweise – Sechs Begegnungen mit Christus rund ums Kreuz, Eine Kollaboration in Text, Bild & Musik. SCM R. Brockhaus 2023, ISBN 978-3-417-01001-5
17.11. d) Samuel Harfst: Wege vor mir (aus dem Album: Audiotagebuch, 2007) © Samuel Harfst
18.11. c) www.photocase.com
19.11. c) Eleanor Roosevelt: Die Welt des Einzelnen*, aus: dies.: Mensch sein ist vor allem die Hauptsache. Gedanken einer Revolutionärin. Herausgegeben von Bruno Kern © 2023 by Marix Verlag in der Verlagshaus Römerweg GmbH, Wiesbaden. Entnommen aus »Der andere Advent 2023«, 9.12.)
20.11. c) Aus: Hoppla! Neue Geschichten für andere Zeiten, 2021. Hamburg: Andere Zeiten e.V., www.anderezeiten.de
21.11. c) Meine Sehnsucht nach Wahrheit, Dörte Schrömges, aus: YOUCAT Jugendgebetbuch, Georg von Lengerke und Dörte Schrömges (Hrsg.) © 2014 YOUCAT Foundation GmbH, Königstein im Taunus, S. 24
22.11. c) www.photocase.com
24.11. d) © Evangelische Brüder-Unität
25.11. c) © Ruß Lucia
25.11. d) Elisa-Beatrice Ruß, Marburg
26.11. c) www.photocase.com
27.11. d) © Friedrich Reinhardt Verlag
28.11. c) www.photocase.com
29.11. d) Rechte beim Urheber
30.11. c) © Thomas Plaßmann, www.thomasplassmann.de

DEZEMBER

02.12. c) www.istock.com
03.12. d) Frank Reintgen, Klaus Vellguth, Menschen-Leben-Träume, © 2010 Verlag Herder GmbH, Freiburg i. Br.
04.12. c) © Evangelische Brüder-Unität
05.12. d) © Verlag Singende Gemeinde – Blessings 4 You GmbH, Stuttgart
07.12. c) www.photocase.com
07.12. d) Trostkraft, entnommen aus: https://hannabuiting.de/mehr-kraft/, Beitrag vom März 2017, Zugriff am 05.12.2023.
10.12. d) Tina Willms, Momente, die dem Himmel gehören, Gedanken, Gedichte und Gebete für jeden Tag, 2. Auflage 2022. 2021 Neukirchner Verlagsgesellschaft, Neukirchen-Vluyn, S. 364 © Tina Willms
11.12. d) Elisa-Beatrice Ruß, Marburg
12.12. c) www.photocase.com
13.12. c) www.photocase.com
13.12. d) Keine bleibende Stadt, Text und Melodie: Lothar Kosse © 2006 Praize Republic, Köln
14.12. d) Schrei mich an. Text: Benjamin Burbulla & Bastian Benoa. Melodie: Florian Sitzmann & Benjamin Burbulla & Bastian Benoa © 2022 BENOA PUBLISHING, adm. by Gerth Medien, Wetzlar/CEDARSONGS, adm. by Gerth Medien, Wetzlar/Gerth Medien, Wetzlar
17.12. c) © Andreas Gerhardt, Cartoon zu Römer 12,21
17.12. d) Elisa-Beatrice Ruß, Marburg
18.12. c) www.photocase.com
19.12. c) www.photocase.com
20.12. d) Karl Rahner, Worte gläubiger Erfahrung, © 1985 Verlag Herder GmbH, Freiburg i. Br.
24.12. d) Kind in der Krippe. Text & Melodie: Lukas Dopfer & Lari Dopfer. © 2022 Save and Sound
25.12. c) www.stock.adobe.com
28.12. c) © Thomas Plaßmann, www.thomasplassmann.de
29.12. c) www.photocase.com
30.12 d) Guter Gott, in: Juliane Seifert (Hg.), Bist du da, Gott? Gebete von und für Teens. © 2017 Neukirchener Verlagsgesellschaft mbH, Neukirchen-Vluyn, S. 22.
31.12. d) Gebet: Gib Frieden, Tina Willms, aus: Tina Willms, Wo das Leben entspringt. Inspirationen zur Jahreslosung und den Monatssprüchen 2018. 2017 Neukirchner Verlag, Neukirchen-Vluyn, S. 59 © Tina Willms

Wir danken den Verlagen und Autor*innen für die freundliche Abdruckgenehmigung der Texte. In einzelnen Fällen konnten die Rechteinhaber*innen nicht ermittelt werden. Wir bitten um Hinweise an den Verlag, mögliche Honoraransprüche werden gerne abgegolten.

Alle übrigen Texte: Redaktionsteam der Losungen für junge Leute. Redaktionsleitung: Friederike Schulte